Die Education-Arbeit der Berliner Philharmoniker wird durch die großzügige Unterstützung der Deutschen Bank ermöglicht.

Margarete Zander & John Harrison

Wirbelwind und Saitentanz

Musikalische Expeditionen mit den Berliner Philharmonikern

Herausgegeben von der Stiftung Berliner Philharmoniker

SCHOTT

Mainz · London · Berlin · Madrid · New York · Paris · Prague · Tokyo · Toronto

Ermöglicht durch
Deutsche Bank

Herausgegeben von der Stiftung Berliner Philharmoniker

Bibliografische Information der Deutschen Nationalbibliothek
Die Deutsche Nationalbibliothek verzeichnet diese Publikation
in der Deutschen Nationalbibliografie; detaillierte bibliografische Daten
sind im Internet über http://dnb.d-nb.de abrufbar.

Bestellnummer: ED 20849

ISBN 978-3-7957-0709-5

www.schott-music.com
www.schott-buch.de

Lektorat: Niehaus & Stirl, Berlin
Gestaltung und Satz: Ingo Scheffler, Berlin
Druck: Memminger MedienCentrum Druckerei und Verlags-AG
Bindung: Conzella Verlagsbuchbinderei, 85609 Aschheim-Dornach

Printed in Germany · BSS 53806

Inhalt

Einleitung

Wollt ihr miterleben, wie die Berliner Philharmoniker in ihrem berühmten Konzerthaus, der Philharmonie, auftreten? Wollt ihr hören und sehen, wie aus den vielen, vielen schwarzen Punkten, Strichen und Zeichen, die Komponisten auf weißes Notenpapier schreiben, Musik wird? Bei den Kinderkonzerten in der Berliner Philharmonie war die Kamera ganz nah dran. Auf den DVDs könnt ihr nicht nur genau beobachten, wie Musiker und Musikerinnen musizieren, sie zeigen euch auch, wie sie dabei mit ihren Instrumenten umgehen und ihnen all die schönen Klänge entlocken.

Spannende Ideen und Fantasien stecken in der Musik. Ihr werdet eine große Maschine hören, deren Zahnräder ineinandergreifen, und erleben, wie es auf dem Bahnhof in New York zuging, als die Züge noch schnauften und prusteten. Und wie die Philharmoniker das spielen! Versucht mal, die Bewegungen ihrer Finger im gleichen Tempo nachzumachen, dann merkt ihr, wie schwer das ist – und dabei müssen sie noch die richtigen Töne treffen. Aber solche Schwierigkeiten merkt man ihnen gar nicht an: Sie lächeln und tanzen mit ihren Instrumenten. Die Musiker laden euch ein, mit ihnen zu lachen, zu tanzen, zu schnipsen, zu schunkeln. Ihr könnt richtig Spaß mit ihnen haben, wie sie mit den Kindern im Konzert und mit euch!

Mich begeistern die Musik und die Menschen, denen sie so viel bedeutet. Deshalb erzähle ich gern (und oft im Radio) von ihnen und davon, was für aufregende Geschichten hinter der Musik stecken. Für euch habe ich dieses Buch geschrieben. Die Bilder sind von John Harrison. Wie froh war ich, dass es ihm genauso geht wie mir, und dass er so toll malen kann, was es beim Zuhören und Zusehen zu entdecken gibt!

Fast alle Werke, aus denen die Philharmoniker in den Konzerten auf der DVD spielen, sind in dem Buch beschrieben. Und auch über die Instrumente haben die Musiker mir für euch noch einiges verraten – oder wisst ihr, was ein Brummtopf ist? Besonders spannend ist, was sie selbst über die Musik und das Musikmachen denken.

Da, wo man auf der DVD etwas ganz genau beobachten kann, das man sonst leicht übersieht, findet ihr einen Hinweis: Der steht in Klammern und gibt die Zeit auf dem Laufwerk des DVD-Players an.

Viel Spaß wünscht euch
Margarete Zander

Wo ihr das Mädchen mit der Lupe seht, gibt es allen Grund, einmal näher hinzuschauen. Es lohnt sich! Ihr hört die Musik plötzlich anders.

Und wo der Junge zu sehen ist, da – »Psst!« – verrate ich euch ein kleines Geheimnis. Der Spaß soll nicht zu kurz kommen.

Die kleinen Rätsel, die das dritte Kind aufgibt, löst ihr sicher mit links. Für alle Fälle findet ihr auf der lezten Seite im Buch die Lösungen.

Die Blechbläser

Die Moderatorin des Konzertes Sarah Willis verrät euch, woran man bei einem Blechbläser sieht, dass er mit Leib und Seele Musik macht: an seinen feurigen Augen! Und sie muss es wissen: Die Hornistin gehört mit elf Männern – fünf Posaunisten, fünf Trompetern und einem Tubisten – zum Blechbläserensemble der Berliner Philharmoniker. Laut spielen können sie, wie alle Blechbläser, sehr gut. In der Partitur steht dann ***fffff*** (nur ein ***f*** bedeutet schon laut: forte). Aber sie können auch ausgezeichnet leise spielen, also ***ppppp*** (***p*** steht für piano und heißt leise), das ist schon seltener. Dass sie dazu noch jede Lautstärke dazwischen finden, macht das Ensemble zu einem der besten. Wie sie das machen? Ihr werdet staunen: Manchmal springen die Töne wie Bälle aus dem Trichter und manchmal sprudeln ganze Fontänen hervor. Dabei brennen die Blechbläser ein Feuerwerk der buntesten Farben ab, von sanftem Silberschein über strahlendes Feuerrot bis zu dunklem Wolkenblau!

Welche Muskeln trainieren die Blechbläser wie Gewichtheber ihre Arme und Beine?

Werk **»La Mourisque« (1551) von Tielman Susato (um 1500–nach 1561)** 1:10

Das Stück, dass das Blechbläserensemble zu Anfang spielt, ist etwa 500 Jahre alt. Konzerte, in denen man still saß und zuhörte, gab es damals noch nicht. Wenn bei Festlichkeiten aufgespielt wurde, aß und trank das Publikum dazu, spielte Brett- und Kartenspiele oder tanzte. Der deutsch-niederländische Stadtmusikus und Notendrucker Tielman Susato veröffentlichte neben eigenen Kompositionen auch beliebte Tänze und Lieder. In einer seiner Sammlungen, »Dansereye«, findet sich auch »La Mourisque« (Mohrentanz), zu dem die Leute, wie wir von Susato wissen, mit großer Freude tanzten.

Eine gute **Atemtechnik** ist für Blechbläser sehr wichtig. Dafür trainieren sie wie Sportler. Jeden Tag spielen sie Übungen mit vielen lang angehaltenen Tönen und stärken so ihre Gesichts- und Atemmuskulatur. Sie lernen, wie beim Yoga, den Atem ganz gleichmäßig durch den Körper fließen zu lassen. Denn die Luftsäule, die den Ton zum Publikum trägt, wird im Körper aufgebaut. Ob laut oder leise, der Ton soll warm, rund und voll sein, damit er den großen Saal der Philharmonie füllt.

»Blechbläser müssen sehr viel Kraft haben, um locker spielen zu können. Sie brauchen Lippen, die trainiert sind wie ein Bodybuilder. Wenn man langsam und traurig spielen möchte, braucht man eine warme und breite Luft, wenn man laut und hoch spielen möchte, braucht man eine schnelle und spritzige Luft.« GÁBOR TARKÖVI

Louis Armstrong war ein wunderbarer Jazz-Trompeter. Seht euch mal ein Bild von ihm beim Trompetespielen an. Er bläst die Backen auf, sodass sie aussehen wie kleine Ballons. Das ist auf Dauer sehr anstrengend. Die meisten Blechbläser machen es anders, wie Sarah Willis zeigt. Man sieht, wie sich die Muskeln um ihren Mund herum anspannen, während sie in ihr Horn bläst (11:19).
Probiert es selbst: Pustet einmal einen Luftballon so auf, wie Louis Armstrong spielt, und dann wie Sarah Willis. Ihr werdet merken, was euch leichter fällt!

Werk »Hejre Kati« (1930) aus »Szenen aus dem Csárdás« von Jenö Hubay (1858–1937)

3:47

»Hallo Kati!« ruft der Komponist und lädt zum beliebtesten Tanz der Ungarn, dem Csárdás (das Wort heißt übersetzt »Wirtshaus«). Und der geht so: Erst tanzen nur die Männer mit Gehschritten einen langsamen Kreistanz, dann kommen die Frauen dazu und es folgt ein Paartanz, bei dem alle wild und ausgelassen hüpfen. Jenö Hubay hat selbst gern zum Tanz aufgespielt. Er war ein berühmter Geiger und wurde auf vielen großen Tourneen durch Europa gefeiert. Später wurde er Direktor der Musikakademie in Budapest. Seinen Schülern brachte er bei, wie man »ungarisch« Geige spielt, also langsam und feurig, und damit sein Publikum zu Tränen rührt und von den Stühlen reißt. Ein unbekannter Bearbeiter hat das Stück, das Hubay für Violine und Orchester schrieb, für Blechbläser bearbeitet und ihr hört und seht, dass die Trompeter den virtuosen Stehgeigern von damals in nichts nachstehen.

Der Jazz-Trompeter Louis Armstrong spielte auf einer Trompete mit Pumpventilen, wie ihr sie bei Tamás Velenczei seht (5:55). In deutschen Orchestern ist die klassische Trompete mit Drehventilen (6:30) üblicher. Drückt man die **Ventile** herunter, wird die Luft im Instrument durch ein zusätzliches Rohrstück geleitet. Je länger der Weg, den der Luftstrom nimmt, desto tiefer klingt der Ton.

Die Trompete

Die Trompete war von jeher, aber besonders im Mittelalter, ein Herrschaftssymbol. Die italienische Fürstenfamilie der Gonzaga, die vom 13. bis zum 18. Jahrhundert in Manuta regierte, hatte nicht nur ein Familienwappen, sondern auch eine Erkennungsmelodie: eine eigene Trompetenfanfare. Johann Sebastian Bach setzte Trompeten ein, wenn man in seiner Musik göttliche Harmonien fühlen sollte.

Werk **»Grand Central« (1983) aus »A Londoner in New York« von Jim Parker (geboren 1934)** 8:43

»Ein Amerikaner in Paris« heißt ein berühmtes Musikstück von George Gershwin, das ihr vielleicht kennt. Es gibt eine ganze Menge solcher musikalischer Städtereisen, weil sich die Stimmung eines Ortes mit Musik mindestens so gut einfangen lässt, wie mit einem Bild. Der in London geborene Komponist Jim Parker führt uns in die amerikanische Metropole New York und dort an den großen Bahnhof in Manhattan. Kein Wunder, dass er für die Dampfloks, die da ein- und ausfahren, zur Posaune gegriffen hat – schließlich hat sie ja einen Zug! Naja, ihr wisst natürlich, dass damit keine Eisenbahn gemeint ist, sondern das u-förmige Rohr, das man ausziehen und einfahren kann.

Das Ding, das die Blechbläser in den Schalltrichter stecken, ist ein **Dämpfer** (8:52, 11:54). Klar, das Wort sagt es: Mit einem Dämpfer wird die Lautstärke reduziert, aber auch die Klangfarbe des Instruments verändert sich. Je nachdem, ob der Klang heller, dunkler oder weicher werden soll, werden verschiedene Varianten von Dämpfern eingesetzt. Sarah Willis zeigt diesen Effekt: Wenn sie ihre rechte Hand in den Trichter des Horns stopft, klingt der Ton metallischer (13:03).

Wie nennt man das bewegliche Rohr an der Posaune?

»Singen ist das Natürlichste, was es in der Musik gibt. Der Trompeter muss sich vorstellen, zu singen. Dann klingt das Instrument schön und auch persönlich, wie die eigene Stimme.« GÁBOR TARKÖVI

Gut, dass das **Mundstück** (12:35) abnehmbar ist! So können die Musiker besondere Klangeffekte erreichen, wie die Posaunisten, die ohne Mundstück Luft durch das Instrument blasen, um das Zischen der Dampfloks nachzuahmen (8:45).

Die Posaune

Was ihr bei den Berliner Philharmonikern seht, sind »deutsche« Posaunen. Im Unterschied zu Posaunen amerikanischer Bauart ist der Schalltrichter etwas größer und besitzt einen Kranz (1:40), der dem Ton einen dickeren Körper gibt. Der Zug ist konisch geformt, das heißt, er ist oben etwas dünner als unten. Die deutsche Posaune klingt weicher als die voll und dunkel klingende amerikanische. Mit dem Zug, der auf das Posaunenrohr aufgesteckt ist, kann der Posaunist die Tonhöhe gleitend verändern. Da, wo die anderen Treppen laufen müssen, kann er das Treppengeländer runterrutschen – aber auch rauf (7:47)!

Die Tuba

Eine Tuba wiegt zwischen zwölf und 13 Kilo. Viele Hörer und sogar Musiker meinen, weil sie schwer ist, müsse sie auch schwerfällig klingen. Dass eine Tuba nicht daherkommen muss wie ein träges Nashorn, merkt ihr, wenn ihr Alexander von Puttkamer beobachtet. Bei ihm wirkt die Tuba eher wie ein kleines, neugieriges Känguru (7:07, 9:25). Er spielt sie beweglich und leicht.
Die Tuba hat den größten Tonumfang und die größte Dynamik von allen Blechblasinstrumenten. Das bedeutet, man kann auf der Tuba mehr Töne spielen als auf den anderen und auch lauter bzw. leiser. Man kann mit einer Tuba sogar tiefere Töne erzeugen als mit der menschlichen Stimme!

Das Horn

Nur drei, manchmal vier Ventile hat das Horn. Wie kann man damit so viele Töne spielen, über vier Oktaven? Mit dem Druck der Lippen auf das Mundstück und mit der Luftsäule im Körper, die man ganz fein dosieren muss. Sarah Willis zeigt, wie man in ein Mundstück hineinbläst. Das machen alle Blechbläser gleich (12:40). Die Vibration der Lippen bringt die Luftsäule im Inneren der Metallröhre zum Schwingen und erzeugt die unterschiedlichen Töne.

Was für Wasser lassen die Blechbläser zwischendurch aus ihren Instrumenten abfließen?

Noch ein Experiment: Blast einmal in eine kalte Flasche. Da euer Atem wärmer ist als die Flasche und ein bisschen feucht, wird sie von innen beschlagen. Es bildet sich Kondenswasser. Genauso geht es dem Musiker. Auch sein Atem ist durch die Körpertemperatur (36 °C) wärmer als das Instrument im Raum (ca. 24 °C). Er muss aufpassen, dass sich dieses Wasser nicht im Instrument staut. Deshalb lässt er es zwischendurch abfließen. In den Holzboden der Philharmonie zieht die Flüssigkeit schnell ein, in anderen Sälen stehen manchmal kleine Pfützen. Die Musiker müssen ständig auf der Hut sein. Sarah Willis stöhnt ein bisschen: »Wir haben meterweise Röhren. Wenn in einem Bogen nur ein bisschen Kondenswasser steckt, kann der Ton daneben gehen. Das kann jedem passieren, dagegen kämpfen wir ein Leben lang.«

16:02

Werk **»Horse Guards Parade« aus »London Miniatures« von Gordon Langford (geboren 1930)**
Was kennt ihr in London? Den Buckingham Palace, Big Ben, den Tower? Aber wer von euch kennt den großen Paradeplatz, auf dem alljährlich im Juni die traditionelle Militärparade zu Ehren des Geburtstags der Königin stattfindet? Der britische Komponist Gordon Langford hat ein Stück über dieses Ereignis geschrieben. Darin kann man hören, wie festlich und fröhlich es zugeht, wenn die Queen Geburtstag hat.
Langford hat selbst als Musiker an solchen Paraden teilgenommen. Seine Militärzeit verbrachte er in der Royal Artillery Band, wo er Posaune spielte. Aber er war auch Pianist und begleitete eine Balletttruppe am Klavier, ging mit einem Opernensemble auf Tournee, war Barpianist und Musiker auf einem Kreuzfahrtschiff. Klingt, als hätte er sich immer schnell gelangweilt und es nirgendwo länger ausgehalten. Auch das kann passieren, wenn man mit fünf Jahren Klavierunterricht bekommt und im Alter von neun die ersten öffentlichen Klavierkonzerte mit Werken von Mozart gibt.

»Das Orchester ist am Abend manchmal wie ein ›wildes Tier‹. Es kommt unglaublich viel Energie zusammen auf der Bühne. Jeder gibt sein Bestes.« Sarah Willis

Alle Blechblasinstrumente bestehen aus dünngewalztem Metall. Einige sind vergoldet, andere versilbert, einige matt und andere lackiert. Der Überzug wirkt sich auch ein bisschen auf den Klang aus. Gold klingt etwas rauher, silber strahlender. Da hat jeder **Instrumentenbauer** und vor allem jeder Musiker sein Geheimnis. Die Hornisten der Berliner Philharmoniker spielen Instrumente aus Deutschlands ältester Musikinstrumentenwerkstatt, der Werkstatt der Gebrüder Alexander von 1782, die »Alexanderhörner«. Im Film seid ihr nah genug dran, um zu sehen, wie kunstvoll die Röhren gebogen sind (6:38). Sarah Willis schwärmt vom »sahnigen, butterweichen, runden, warmen, dunklen Klang« der Instrumente.

Die 12 Cellisten

Autsch – wenn Ludwig Quandt das Cello zum Spaß wie eine Gitarre hält und die Saiten so wie bei einer Gitarre anschlägt, tut es weh. Die Saiten sind zu dick und zu fest gespannt. Wie ihr hören könnt, ist das Cello ein verrückter Zauberkasten: Es kann einem einen Bären aufbinden und wie eine Biene summen oder – im Kinderkonzert – auch mal wie eine Kuh muhen oder wie eine Stalltür knarren. Ja, es tanzt sogar auf seinem Stachel.

Die »12 Cellisten der Berliner Philharmoniker« musizieren seit 1972 nicht nur als Mitglieder der Philharmoniker, sondern auch als einzelne Gruppe, und sie sind weltberühmt. Sogar der Kaiser von Japan hat sie schon eingeladen und die Kaiserin hat zu ihrer Musik Klavier gespielt. Wisst ihr was? Die 12 Cellisten sind eigentlich 13! Aber weil die Zwölf eine heilige Zahl ist, die für Fülle und Vollendung steht, bleiben sie bei dieser Besetzung und so hat einer von ihnen immer frei, wenn sie auftreten. Vielleicht kennt ihr »Die Wilde 13« aus Michael Endes Geschichte von Jim Knopf? Bei der Seeräuberbande ist es genau umgekehrt. Die haben sich beim Abzählen vertan und sind in Wirklichkeit nur zwölf. Ihr merkt schon, die 12 Cellisten haben Sinn für Spaß.

Einmal haben die 12 Cellisten in Korea gespielt und gleichzeitig fand ein wichtiges Fußballspiel der koreanischen Nationalmannschaft statt. Da sind sie bei der Zugabe in den Fußballtrikots der Mannschaft aufgetreten. Ihr könnt euch vorstellen, was das für eine Stimmung war! Mehr solcher Geschichten erfahrt ihr auf der Homepage der 12 Cellisten: www.die12cellisten.de.

»Wenn wir spielen, wollen wir etwas begreifen, das alle Menschen betrifft, und dabei immer auch uns selbst fühlen.« Georg Faust

Werk »Aubade« (1974) von Jean Françaix (1912–1997)

20:24

Françaix war ein humorvoller Mann. Er fand, seine Musik sollte Freude machen. Aus einer Musikerfamilie stammend, spielte er selbst sehr gut Klavier. Besonders gerne komponierte er für Blasinstrumente. Sein »Höllenorchester«, das mit lautem Getöse spielte, wurde berühmt. Im Auftrag der Berliner Festwochen schrieb er für die 12 Cellisten »Aubade«. Zu dem viertelstündigen »Morgenständchen« ließ er sich durch Reisebriefe der französischen Schriftstellerin George Sand inspirieren. Er warnte: »Das Finale meines ›Aubade‹ lässt die Instrumente dröhnen wie die Automobile beim 24-Stunden-Rennen von Le Mans, meiner Geburtsstadt. So laut, dass selbst taube Zuhörer klatschen werden, angefeuert noch durch die blitzschnellen Striche der Cellobögen und die dämonischen Gesichter der zwölf Virtuosen.«

Der **Bogen** ist ein geschwungener Holzstab, der mit Pferdehaaren bespannt ist. Der Musiker hält den Bogen in einer Hand und streicht damit über die Saiten. Daher kommt die Bezeichnung Streichinstrument. Die Pferdehaare schmiegen sich dabei an die Saiten wie eine Katze, die einem um die Beine streift.

Von welchem Tier stammen die Haare, mit denen die Bögen von Streichinstrumenten bespannt sind?

Violoncello

Das Cello wurde im 16. Jahrhundert erfunden. Die Nachsilbe »cello« war ursprünglich eine Verkleinerungsform: Das Violoncello war kleiner als der Violone, der Vorläufer des heutigen Kontrabasses.
Der Resonanzkörper des Cellos, Musiker sagen dazu Korpus, ist meist aus Ahorn, Griffbrett, Wirbel und Saitenhalter sind aus dunklerem Ebenholz gebaut. Jedes Instrument sieht anders aus, denn jedes wird von Hand gebaut, und hat einen ganz eigenen Charakter – wie der zustande kommt, ist das Geheimnis des Geigenbauers. Weil der Musiker das Cello zwischen den geöffneten Beinen hält, galt im 19. Jahrhundert das Cellospielen für Frauen als unschicklich.

Werk **»Retours« (1976) von Iannis Xenakis (1922–2001)** 24:22

Der griechische Komponist Xenakis las als Kind gern Geschichten von Jules Verne, spielte in der Schule Theater und liebte Mathematik und Astronomie. Er wurde Bauingenieur und Mitarbeiter des berühmten Architekten Le Corbusier. Für das französische Kloster La Tourette entwarf er unregelmäßige Fensterteilungen, durch die das Licht wie in einem Rhythmus in den Raum fällt.

Mit seiner Musik wollte Xenakis die Menschen schockieren, wie es ein heftiges Gewitter tun kann oder der Blick in einen Abgrund. Ihn selbst ließ ein traumatisches Erlebnis nicht los: Als Studentenführer hatte er im Zweiten Weltkrieg für die Befreiung Griechenlands gekämpft. Bei einer Demonstration 1942, während der alle im gleichmäßigen Rhythmus Parolen für die Freiheit riefen, fuhren plötzlich Panzer in die Menge. Alles löste sich in Chaos auf. Er verlor ein Auge und sein Gesicht war zeitlebens entstellt. Die Schreie der Verletzten blieben ihm im Gedächtnis.

»Retours« (Windungen) wurde 1976 für die 12 Cellisten geschrieben. »Die zwölf Musiker sind in Gruppen aufgeteilt und spielen wie vier Zahnräder, die ineinandergreifen«, erklärt der Cellist Georg Faust.

Aus Spaß hält Ludwig Quandt im Gespräch mit Sarah Willis das Cello falsch (27:25). Welches Instrument hält man so auf dem Schoß?

Damit die Musiker gezwungen sind, beim Spielen aufeinander zu hören, hat Xenakis bestimmt, dass das Stück grundsätzlich ohne Dirigent aufgeführt werden soll! Die 12 Cellisten spielen immer ohne Dirigenten, aber wenn ihr genau hinseht, merkt ihr, dass es immer einen Musiker gibt, der das **Zeichen zum Einsatz** gibt und nach dessen Tempo sich alle richten.

Während der Musiker mit dem Bogen über die **Saiten** streicht, drückt er mit den Fingern der anderen Hand die Saiten auf das schwarze Griffbrett, das ziemlich nah an seinem Hals liegt. Die Saiten sind unten an einem Saitenhalter festgemacht, oben werden sie mit den Wirbeln an der Schnecke immer wieder festgezogen. Damit sie frei schwingen und klingen können, sind sie zwischen Wirbelkasten und Saitenhalter über eine kleine Holzbrücke, den Steg, gespannt, sodass sie das Griffbrett nicht berühren. Je nachdem, an welcher Stelle der Cellist eine Saite berührt, kann ein längeres oder kürzeres Stück frei schwingen und einen Ton erzeugen. Je länger die schwingende Saite ist, umso tiefer klingt der Ton. Der Resonanzkörper verstärkt den Ton und lässt ihn durch die schwungvoll geschnitzten Schalllöcher frei.

Schreien und Sausen

Georg Faust erklärt einige Techniken, die die Cellisten bei dem Stück von Xenakis anwenden: Wenn ein Streicher **»sul ponticello«** – wörtlich heißt das »auf der Brücke« und es bedeutet ganz nah am Steg – spielt, fühlt er sich in schönster Harmonie mit seinem Instrument. Die Schwingung der Saite und der Druck des Spielers ergänzen sich wunderbar. Xenakis möchte aber, dass der Cellist nach und nach den Druck auf die Saite erhöht. Dabei gehen die mitschwingenden tiefen Untertöne verloren. Der Klang wird scharf und schrill.
Und Xenakis liebte **Glissandi**, bei denen die Töne gleitend aufeinanderfolgen. Auf dem Notenpapier sehen Glissandi aus wie die geschwungenen Formen der Gebäude, die er gebaut hat, oder wie das Dach der Berliner Philharmonie, die Hans Scharoun entworfen hat.

Werk **»Die 12 in Bossa-nova« (2000) von Wilhelm Kaiser-Lindemann (geboren 1940)** 28:00

Zu den Komponisten, die Werke für die 12 Cellisten komponiert haben, gehört auch Wilhelm Kaiser-Lindemann. Sein Vater war Organist, Musiklehrer, Chorleiter und Komponist. Bereits als Jugendlicher spielte er die Kirchenorgel und er gehörte als Hornist verschiedenen Orchestern an. Seine »Variações brasileiras«, wie das Stück auch heißt, führen uns nach Südamerika.

Einige Musiker sehen beim Bossa-nova-Spielen aus wie Tänzer, die eine Frau in den Armen halten (31:18)! Der besondere Kick der Musik springt über, weil sich alle im gleichen Rhythmus wiegen, gemeinsam starten und mit Schwung stoppen (32:10). Manchmal verzögern sie ein bisschen den Schritt und verständigen sich mit **Blicken**, um einander nicht »auf die Füße zu treten«. Sehr gut beobachten könnt ihr das auch am Schluss von »The Pink Panther« (36:00).

Bossa nova ist ein Musikstil, der in den 1960er Jahren in Brasilien entstand. Junge Musiker trafen sich am Strand von Rio de Janeiro. Sie mischten alte brasilianische Liedformen mit neuen Jazzrhythmen und tanzten dazu. Sanft und einschmeichelnd klingen die Musik und der zurückhaltende, leichte Gesang, der sie begleitet. Getanzt wird der – manche sagen auch »die« – Bossa nova mit weichen Schritten und einem leichten Hüftschwung. Und weil die Celli auf ihren Stacheln so beweglich sind, tanzen die 12 Cellisten gleich mit.

»Wir sind spielfreudige Klangspieler. Und Gefühl ist für uns alle sehr wichtig.« Georg Faust

Eure Großeltern können mehr über den Bossa nova erzählen. Fragt sie einmal nach dem Schlager »Schuld war nur der Bossa nova«. Bestimmt können sie die Melodie summen.

Werk Walzer Nr. 2 aus der »Suite für Varieté-Orchester« (1950er Jahre) von Dmitrij Schostakowitsch (1906–1975)

36:45

Der Russe Dmitrij Schostakowitsch begleitete schon als Kind Stummfilmvorführungen im Kino auf dem Klavier. Später wurde er ein großer Komponist. Er schrieb 15 Sinfonien, aber auch Filmmusik. Auch wenn er sich äußerlich den Forderungen des kommunistischen Regimes der Sowjetunion unter dem Diktator Stalin zu fügen schien, versuchte Schostakowitsch in seiner Musik zu zeigen, wer er in Wirklichkeit war. Mit einigen Werken lehnte er sich direkt gegen Krieg und Grausamkeit auf. Andere zeigen sein Vergnügen an sogenannter Unterhaltungsmusik. Sein Walzer ist ein echter Ohrwurm; er hat ihn für ein Varieté geschrieben, in dem Artisten, Tänzer und Akrobaten auftreten.

Im Film sieht man die Musiker ganz aus der Nähe – ja, man kann sogar ihre tollen Ohrringe bewundern. Erkennt ihr, wie sie sich mit ihren Instrumenten ganz leicht im Rhythmus der Musik bewegen? Ihr ganzer **Körper** ist im Einsatz. Und auf ihren Gesichtern seht ihr Konzentration und gleichzeitig die Freude am Spielen. Es geht ihnen um mehr als nur darum, die Noten ganz genau zu spielen. Sie wollen die Musik spielen, die der Komponist in seinem Kopf gehört, die ihn bewegt hat.

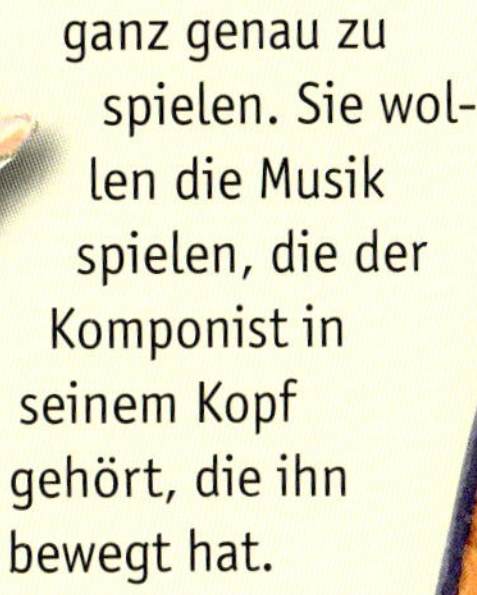

Wie heißen die geschwungenen Öffnungen auf der Oberseite eines Streichinstruments, durch die der Klang nach außen dringt?

Walzer

»Walzen« bedeutet »sich drehen«. Als man etwa um 1750 in Wien begann, beim Tanzen im Rhythmus der Musik zu walzen, fürchteten viele Leute, das Drehen mache krank. Schwindelig kann einem schon werden. Aber wenn man als Paar gemeinsam in den Rhythmus einschwingt, fühlt man sich himmlisch leicht. »Walzerseligkeit« nannte sich das früher. Probiert es mal aus: erst einen schweren Elefantenschritt, dann zwei leichte Elfenschritte. Schwer, leicht, leicht, schwer, leicht, leicht, eins, zwei, drei …

Die Kontrabassisten

Ein ganzer Musiker passt in so einen Sack, mit dem man den Kontrabass beim Transport schützt. Das zeigt Klaus Stoll, wenn er damit im Kinderkonzert über die Bühne tanzt. Er möchte gern, dass alle wissen: So behäbig und sperrig, wie viele denken, ist der Kontrabass nur beim Reisen. Gleich beim ersten Stück seht ihr, wie sich die großen Bäuche mit Leichtigkeit auf ihrem Stachel drehen. Weil das Instrument ungefähr 13 Kilogramm wiegt, ist dieser Stachel bevorzugt aus Stahl und er ist ungefähr 47 Zentimeter lang.
Die Kontrabässe malen die Grundfarbe eines Klanges: Das kann ein ruhiges, dunkles Blau sein wie in der Tiefe des Meeres oder auch ein glühendes Rot wie Feuer, das unter der Erde schwelt und beim Vulkanausbruch als heiße Lavafontäne in die Höhe spritzt.

Ist euch schon aufgefallen, dass die Kontrabassisten ihre Bögen anders halten als alle anderen Streicher? Die Hand liegt nicht auf dem Frosch, sondern darunter. Warum der Teil des Bogens, an dem man ihn anfasst und die Haare mit einer Schraube festspannen kann, Frosch heißt? Vielleicht kennt ihr die Geschichte vom springenden Bogen, der die Töne fängt wie Fliegen? Was? Die gibt's gar nicht? Ich bin sicher, ihr könnt euch eine ausdenken!

Die Haare am Bogen müssen ein bisschen klebrig sein, damit sie beim Hin- und Herstreichen auf den Saiten nicht abrutschen. Dazu reibt man sie mit Baumharz ein. Baumharz ist eine zähe, braunschwarze Flüssigkeit, die Tannen oder Kiefern bei Verletzungen der Rinde absondern, um die Wunden zu verschließen. Nach der heute türkischen Stadt Kolophon, die in der Antike mit besonders wertvollen Naturharzen handelte, nennt man die schimmernde Masse **Kolophonium**.

Der Kontrabass

Der Kontrabass stammt aus der Familie der Gamben und ist das letzte Mitglied dieser adeligen Familie, das noch im Orchester spielt. Die Gamben galten als vornehme Instrumente. Sie haben einen edlen, feinen Ton und wurden ausschließlich bei Hofe gespielt. Anders als Geigen oder Bratschen, die auch einfache Bürger besitzen konnten, und die man sogar draußen auf der Straße spielen konnte.
Der Name kommt von dem italienischen Wort »gamba«, das heißt Bein, denn das Instrument wurde mit den Oberschenkeln gehalten und mit den Unterschenkeln abgestützt. Auf keinen Fall darf man die Knie benutzen, deshalb ist das deutsche Wort »Kniegeige«, das man manchmal hört, falsch.
Es gibt verschiedene Bauarten für den Kontrabass. Die Berliner Philharmoniker spielen meist auf fünfsaitigen Instrumenten. Wenn die Saiten frei schwingen, klingen die Töne E, A, D und G und das ganz tiefe C oder H. Das entscheidet der Musiker für jedes Stück selbst. Im Kinderkonzert spielen die Kontrabassisten viersaitige Bässe. Je mehr Saiten das Instrument hat, umso schwieriger ist es zu spielen. Man muss genau aufpassen, dass man beim Streichen nicht zwei Saiten auf einmal trifft!

Womit reibt man die Pferdehaare auf dem Bogen ein, damit sie besser an den Saiten haften?

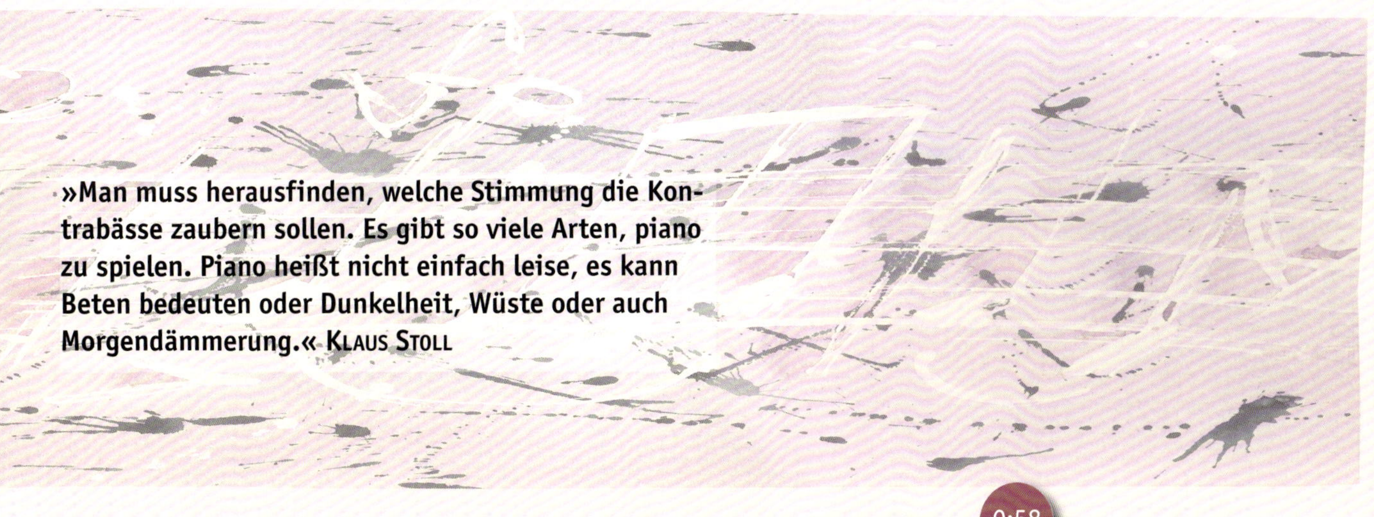

»Man muss herausfinden, welche Stimmung die Kontrabässe zaubern sollen. Es gibt so viele Arten, piano zu spielen. Piano heißt nicht einfach leise, es kann Beten bedeuten oder Dunkelheit, Wüste oder auch Morgendämmerung.« Klaus Stoll

Werk **»Karneval der Tiere« (1886) von Camille Saint-Saëns (1835–1921)**

0:58

Mit drei Jahren konnte er lesen, mit fünf gab er Konzerte mit Mozarts Klaviersonaten, mit sechs begann er selbst zu komponieren, und mit zehn Jahren konnte er alle Klaviersonaten von Beethoven auswendig spielen. Aber Camille Saint-Saëns zeichnete auch gerne Comics und interessierte sich sehr für Sternenkunde. Später wurde er als Orgelvirtuose und Pianist in der ganzen Welt gefeiert. Nachdem seine beiden Söhne schon als Kinder gestorben waren, zog er mit einem treuen Diener und einem Hund durch die Welt.
Den »Karneval der Tiere« schrieb er im Urlaub in Österreich und führte ihn dort zur Karnevalszeit gemeinsam mit einem Freund am Klavier selbst auf. Wie in einem Comic – nur eben musikalisch – zeichnete er die Tiere und nannte die 14 Bilder eine »große zoologische Fantasie«. Im Konzert der Kontrabassisten erlebt ihr den Elefanten, der versucht, wie eine Elfe zu tanzen (1:05).

Werk »Night-Train Express 113« (1930) von Lucien Legrand

Beim »Express 113« glaubt man zu hören, wie sich die Kuppelstange der Dampflokomotive rhythmisch vor- und zurückbewegt. Ihr wisst sofort: Das ist kein ICE. Der französische Komponist Legrand freut sich, wenn seine Musik die Fantasie der Zuhörer anregt. Wie man an den Kindern im Konzert sieht, können die Bilder so deutlich sein, dass sie einen sogar in Bewegung setzen. Klaus Stoll mochte das so sehr, dass er die Musik, die Legrand eigentlich für zwei Akkordeons geschrieben hat, umschrieb, sodass die Kontrabässe sie spielen können.

Welchen berühmten Musiker wollte Wolfgang Amadeus Mozart unbedingt kennenlernen, als er mit acht Jahren nach London kam?

18:18

Werk »Logs« (1969) von Paul Chihara (geboren 1938)

In den Wäldern rund um seine Heimat Seattle in Nordamerika hat der Komponist Paul Chihara, dessen Eltern Japaner sind, eine besondere Liebe zu Bäumen entwickelt und ihnen im Wald zugehört. In seinem Stück mit dem Titel »Logs« (Baumstämme) lädt er uns ein, die Geheimsprache der Bäume kennenzulernen. Hört ihr das feine Knarren und Knacken in den Baumstämmen? Die Kontrabassisten mögen das Stück besonders gern, weil sie in der Philharmonie verteilt stehen wie Bäume in einem großen Tal.

Werk »Sonate G-Dur für Viola da Gamba solo senza Basso« (ca. 1770) von Carl Friedrich Abel (1723–1787)
Carl Friedrich Abel war ein Gambenvirtuose. Er spielte in der Hofkapelle in Dresden und war weithin bekannt. Die feine Gesellschaft, auch Goethe, lud den talentierten Musiker zu sich nach Hause ein. Später ging er nach London und wurde Kammermusiker der Königin Charlotte. Am Königshof schloss er Freundschaft mit dem Maler Thomas Gainsborough, der ihn in der Mode des Rokoko malte: mit vielen Rüschen und bunten, glänzenden Stoffen. Auch der achtjährige Mozart wollte bei seiner Ankunft in England den bekannten Musiker unbedingt kennenlernen. Keiner ahnte damals, dass Abel der letzte berühmte Gambenspieler sein sollte. Nach ihm verschwand die Gambe aus den Orchesterkonzerten. Sie wurde durch die Kontrabässe und die Violoncelli ersetzt.
Die Sonate mit der Nummer 155 schrieb Abel für seine Schülerin, die Gräfin von Pembroke. Damit sie eleganter klingt als auf dem Kontrabass, darf Ulrich Wolff nicht so viel Druck geben. Ihr könnt sehr gut beobachten, wie geschickt er mit seinen Fingern und dem Bogen auf den Saiten der Gambe tanzt (6:18, 7:10).

Manchmal kommt es vor, dass die Kontrabässe nur ganz wenige Töne spielen und diese oft wiederholen müssen (11:20). Was einfach aussieht, ist das Allerschwierigste: ein **lebendiger Pulsschlag**. Die Musiker dürfen dabei nicht hektisch werden, aber auch nicht einschlafen. Sie sind mit dafür verantwortlich, dass ein Musikstück spannend ist. Jeder einzelne Ton soll frisch klingen und neugierig auf den nächsten machen. Egal ob im Swing oder in der Klassik.

»Ich habe ein sehr persönliches Verhältnis zu meinem Instrument und behandele es ganz liebevoll. Stellt euch vor, mein Kontrabass hat in einem Orchester mitgespielt, das der Komponist Johannes Brahms dirigiert hat! Das war vor über 110 Jahren! Darauf bin ich stolz!«, sagt Esko Laine und schmunzelt. »Aber auch die Musik von Brahms spielt er deshalb nicht von selbst.«

Die Gambe

Die ersten Gamben wurden vermutlich im 15. Jahrhundert in Spanien gebaut und hatten vier bis sieben Saiten. Das Griffbrett nennt man Steg, es ist wie bei der Gitarre durch Bünde unterteilt. An dem Instrument von Urich Wolff könnt ihr gut erkennen, dass dazu Darmsaiten um das Griffbrett geknotet sind. Sie markieren die Tonstufen. Das macht der Spieler selbst, so ist es für ihn leichter, die richtigen Töne zu finden. Der Hals seiner Gambe endet mit einem wunderschönen, geschnitzten Kopf. Den hat Ulrich Wolff bei dem Gambenbauer Tilman Muthesius in Potsdam persönlich in Auftrag gegeben. Er ist dem Kopf der Uta von Naumburg, einer Statue im Naumbuger Dom, nachempfunden, die Ulrich Wolff schon in seinem Lesebuch in der Schule so gut gefallen hat. Das Vorbild für sein Instrument ist eine berühmte Gambe von Joachim Thielke aus dem 17. Jahrhundert.

Werk »Sinfonia a sei« (um 1600) von Claudio Monteverdi (1567–1643)

8:01

Monteverdi wurde in der Stadt der Geigenbauer, im italienischen Cremona, als Sohn eines Chirurgen geboren. Der Domkapellmeister gab ihm Musikunterricht. So wurde er Sänger, Geiger und Komponist und trat eine Stelle am Hof des reichen Herzogs Vincenzo I. Gonzaga in Mantua an. Seine schönsten Melodien komponierte er auf den Reisen, die ihn als Begleiter des Herzogs durch die Welt führten. Leider waren es oft Kriegszüge. Er heiratete und bekam zwei Söhne. Einer wurde Sänger, der andere Chirurg. Als seine Frau starb, ging Monteverdi nach Venedig und wurde dort Kapellmeister am Dom von San Marco. In dieser berühmten Kirche gibt es viele Balkone, auf denen Monteverdi die Sänger und Musiker verteilte. Aus der ganzen Welt kamen die Leute, um diesen herrlichen Rundum-Klang zu erleben.
Die »Sinfonia a sei« ist eines der Stücke, die Monteverdi für die Konzerte im Markusdom geschrieben hat. Dabei nutzte er die Akustik des gesamten Kirchenraums als Verstärker. Das Stück ist »a sei« – also für sechs Instrumente geschrieben.

Die Philharmonie

Klaus Stoll spielt am liebsten in der Berliner Philharmonie. Er schwärmt von dem Konzertsaal, den Hans Scharoun entworfen hat und der seit 1963 das »Wohnzimmer« der Philharmoniker ist. Die Philharmonie wirkt wie eine Landschaft. Man kann sie von verschiedenen Seiten betreten und verlassen. Die Sitzreihen sind wie die Stöcke in einem Weinberg auf Terrassen angeordnet. Es gibt keine geraden Wände und keine deutliche Trennung zwischen Musikern und Publikum. Alle können sich gegenseitig sehen und begegnen sich im Konzert. Im großen Saal gibt es 2440 Sitzplätze, und auf jedem Platz hört man sehr gut. Die Reflektoren, die aussehen wie weiße, hängende Lampenschirme, verteilen den Schall im Raum. Das klingt anders als im Markusdom in Venedig, aber genauso einzigartig.

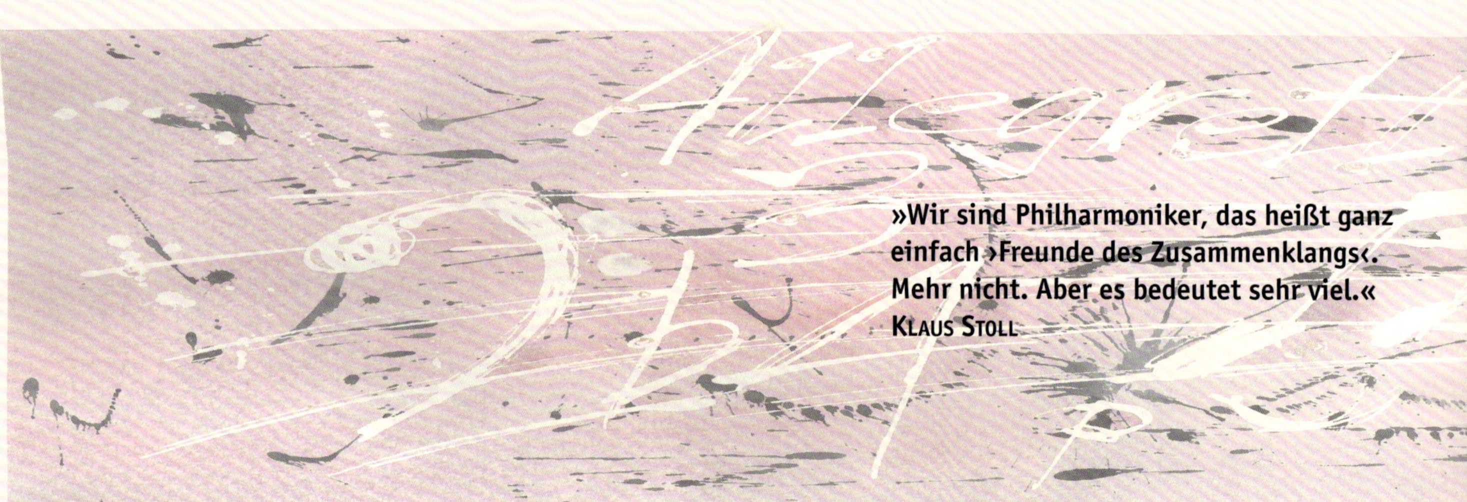

»Wir sind Philharmoniker, das heißt ganz einfach ›Freunde des Zusammenklangs‹. Mehr nicht. Aber es bedeutet sehr viel.«
Klaus Stoll

Die Kontrabassisten sitzen üblicherweise auf hohen Hockern, wenn sie ihre Instrumente spielen. Das ist auf Dauer nicht so anstrengend wie das **Spielen im Stehen** – aber auch nicht so aufregend: »Im Stehen zu spielen ist wie Motorrad fahren ohne Helm«, sagt Esko Laine. »Es ist ein besonderes Gefühl von Freiheit und nicht so gefährlich wie beim Motorrad.«

Wer hat die Berliner Philharmonie gebaut?

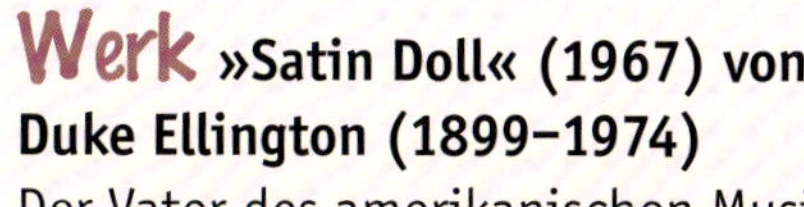

Werk »Satin Doll« (1967) von Duke Ellington (1899–1974)

11:14

Der Vater des amerikanischen Musikers Duke Ellington war Butler im Weißen Haus in Washington. Seine Mutter gab Edward, den alle »Duke« nannten, weil er so höflich und gut erzogen war, Klavierunterricht. Aber erst als er merkte, dass man am Klavier auch mit vielen Musikern in einem Orchester zusammenspielen kann, fand er Spaß daran. Später wurde er als Bandleader einer Jazzband und Komponist für viele ein Vorbild. Sein Stück »Satin Doll« über eine attraktive Frau wurde so etwas wie seine Erkennungsmelodie. Man hört und sieht, wie leichtfüßig der Kontrabass klingen und tanzen kann – gar nicht wie ein Elefant!

Schließt einmal bei »Satin Doll« die Augen. Hört ihr das **rhythmische Geräusch**, das so klingt, als ob da jemand fegt? Man könnte meinen, dass da jemand mit dem Besen über ein hängendes Becken streicht. Jetzt öffnet die Augen wieder und seht, was wirklich passiert: Esko Laine klopft und streicht mit der flachen Hand über den Körper des Kontrabasses (11:45).

Die Saiten sind so dick, dass es anstrengend ist, sie zum Schwingen zu bringen. Wenn man ein bisschen mit dem Bass tanzt, geht es leichter (16:05). Außerdem hat sich an den Fingerkuppen der Kontrabassisten eine dicke Hornhautschicht gebildet, die der Belastung durch das Greifen und Zupfen standhalten kann.

Die Schlagzeuger

Habt ihr gesehen, wie schnell die weißen Filzkugeln auf der Pauke hüpfen? Wer in diesem atemberaubenden Tempo spielt, ohne dass ihm die Schlägel wegfliegen, ist Rainer Seegers. Sein Trick: »Man muss lernen, jeden Muskel einzeln zu benutzen und beim Spielen nur den einsetzen, den man braucht, und die anderen eben nicht.« Probiert doch selbst mal, mit zwei Fingern einen Stift zu halten und das Handgelenk ganz schnell zu schütteln.
Rainer Seegers hat, wie die meisten Schlagzeuger, auf einer »Schießbude« angefangen. So nennt man ein Schlagzeug in der Rockmusik, richtig heißt es Drumset. Und er wäre beinahe auch Rockmusiker geworden.
»Wer Schlagzeug spielt, sollte sich gerne im Rhythmus bewegen und Fantasie haben«, sagt er. Dabei komme es nicht darauf an, dass der Rhythmus auf die tausendstel Sekunde genau sei: »Das Spielen im Orchester ist vor allem ein Gemeinschaftserlebnis. Das Wichtigste ist, dass man spürt, wie die anderen die Musik empfinden und darauf reagiert.« Als 1. Solo-Pauker der Berliner Philharmoniker kennt Rainer Seegers inzwischen mehr als zweitausend Schlaginstrumente.

Schlagzeuger brauchen sehr lange Pausen, in denen es still ist, damit ihre Ohren sich ausruhen können. Acht Stunden sollten die Ohren nach einem Konzert möglichst wenig zu hören bekommen. Deshalb hat Rainer Seegers zwei ausgesprochen »leise« Hobbys: Er lauscht gern dem Fließen von Wasser und sammelt Schmetterlinge.

Wie viele Schlaginstrumente kennt ein guter Orchesterschlagzeuger ungefähr?

Der Schlagzeuger wechselt innerhalb eines Stückes mehrfach die **Schlägel**. Je nachdem, ob er sich leise einschmeicheln oder die Zuhörer laut erschrecken, singen oder die Mitspieler antreiben möchte, benutzt er Schlägel mit Köpfen aus unterschiedlichem Material, zum Beispiel Filz, Holz, Kork, Gummi oder Kunststoff. Er kann mit sechs Schlägeln gleichzeitig spielen – macht das mal nach! – und kennt verschiedene Arten, die Schlägel zu halten (auch zwischen Mittel- und Ringfinger, 28:27). Ein besonderer Trick ist der Kreuzgriff: Ein Schlägel wird mit Zeigefinger und Daumen, der andere zwischen Zeigefinger und Mittelfinger gehalten, dabei überkreuzen sich die Stöcke in der Handfläche.

20:48

Werk »Le chant du serpent« (1996)
von Eckhard Kopetzki (geboren 1956)

»Schlangengesang« heißt dieses Stück, das von vier Schlagzeugern auf Bongos gespielt wird. Es gibt sieben Teile, jeder ist genau eine Minute lang. Die Komposition war ein Auftragswerk zu einem Kirchentag. Der Musiklehrer und Schlagzeuger Kopetzki dachte beim Komponieren an die Schlange im Paradies, die Eva verführte. Und weil diese Geschichte am Anfang der Menschheitsgeschichte steht, wählte er keine komplizierten Instrumente: Er lässt die Musiker mit den Händen, einfachen Fellinstrumenten und ihrer Stimme spielen.

»Wenn man mit seiner Musik andere Menschen wirklich berühren will, muss man etwas von seinen eigenen Gefühlen preisgeben – manchmal ein bisschen mehr als man gerne möchte.« RAINER SEEGERS

Die große Familie der Schlaginstrumente

Um 1950 herum musste ein Schlagzeuger ungefähr tausend Instrumente spielen können. Inzwischen sind es mehrere tausend, denn viele weitere aus ganz unterschiedlichen Kulturen sind hinzugekommen. Manchmal weiß selbst Rainer Seegers ihre Namen nicht. Viele Komponisten bringen exotische Instrumente mit, von deren sonderbaren Klängen sie fasziniert sind.

Wenn Rainer Seegers ein neues Instrument vor sich hat, probiert er es so lange aus, bis er es genau kennt. Er nennt das »den Pulsschlag des Instrumentes finden« und herausbekommen, wo und wie die Töne am intensivsten klingen. Dieses Ausforschen kann eine ganze Weile dauern, denn es gibt so viele Möglichkeiten: Spielt man es mit den Händen, den Fingern, den Handballen? Oder nimmt man Schlägel und welche – aus Holz oder Metall, dicke oder dünne, mit weichen Köpfen oder harten usw.

Werk »Rain Tree« (1981) von Toru Takemitsu (1930–1996)

26:18

Der japanische Komponist Takemitsu erstaunte sein Leben lang andere Menschen damit, wie schön er fliegende Vögel malen konnte. Er liebte die Klänge der Natur, wie den Wind in den Bäumen und den Regen, und ließ sich gern von traditionellen japanischen Instrumenten Geschichten aus alten Zeiten erzählen. Als Junge hörte er im Radio das französische Chanson »Parlez-moi d'amour«, gesungen von Janet Baker, und beschloss, Komponist zu werden. »Komponieren«, sagte er, »bedeutet, dem Fluss der Töne, der durch unsere Welt fließt, eine Bedeutung geben.«
In einer Erzählung des japanischen Schriftstellers Kenzaburo Oe las Toru Takemitsu von einem klugen Regenbaum, der ihn faszinierte: Der Baum sammelt mit seinen Blättern das Wasser nächtlicher Regengüsse und lässt es bis weit in den folgenden Tag hinein allmählich herabrieseln. Damit sich die Musiker, die sein Stück spielen, so fühlen wie diese einzeln stehenden Bäume, sind sie in der Philharmonie über die Bühne verteilt und werden beim Spielen einzeln angestrahlt.

»Viele Schlaginstrumente kommen ursprünglich aus Afrika – wie die Menschheit.«
Rainer Seegers

Gelächter und Gesang

Das **Marimbaphon**, auch die Marimba genannt, kommt aus Südamerika. Unter den Klangstäben aus Holz sind Röhren angebracht, die den Klang verstärken. Eine Weiterentwicklung ist das **Vibraphon** mit Klangstäben aus Metall. Man kann es ganz lange ausklingen lassen, wie einen Gong. Marimba und Vibraphon haben afrikanische Vorfahren, Xylophone mit Bambusklangstäben und getrockneten hohlen Kürbissen als Resonanzkörper. Auch in Europa gab es seit dem späten Mittelalter Xylophone. In Deutschland wurden sie »Hölzernes Gelächter« genannt.

Bestimmt habt ihr, zum Beispiel in einem festlichen Weihnachtslied, schon mal von Zimbeln gehört, die wie der helle Gesang von Engeln klingen. Die kleinen Scheiben aus Bronze oder Messing (26:30), auch **Crotales** genannt, sind ein uraltes Instrument.

Werk »Sonate für Pauke solo« (2003) von John Beck (geboren 1933)

31:29

John Beck ist ein amerikanischer Schlagzeuglehrer, und dieses Stück von ihm wird sehr gern im Schlagzeugunterricht gespielt. Das Besondere ist: Der Komponist widmete die »Sonate für Pauke solo« Steve Gadd, einem berühmten Jazz- und Rock-Schlagzeuger. Das legt die Vermutung nahe, dass diese klassische Musik leidenschaftlich und mit genauso viel Schwung gespielt werden soll, wie Unterhaltungsmusik.

Johann Sebastian Bach dürfte jemanden gekannt haben, der richtig gut Pauke spielen konnte. Jedenfalls hat er einige ganz besonders eindrucksvolle Orchesterstellen für Pauke geschrieben wie das »Jauchzet, frohlocket!« in seinem Weihnachtsoratorium.

Der Handschlag

Musiker geben einander nach dem Konzert hinter der Bühne die Hand, um sich gegenseitig für das gelungene Zusammenspiel zu danken. Rainer Seegers tut das spontan bei dem Jungen, der auf die Bühne gekommen ist, weil ihm das gemeinsame Spielen so gut gefallen hat (31:02).

Welcher optische Trick hilft bei »Rain Tree«, besser zu hören, welches Instrument gerade spielt?

Die Pauke

Über viele Jahrhunderte hüteten die Pauker das Geheimnis ihrer Kunst. Sie fürchteten, dass sie nicht mehr genügend Geld verdienen würden, wenn zu viele wüssten, wie man die mit Fell bespannten Kessel am besten zum Klingen bringt. Erst vor etwa 300 Jahren schrieb ein Sprössling der bedeutenden Musikerfamilie Altenburg aus Thüringen zum ersten Mal Spielanleitungen für dieses Instrument auf.

In der Renaissance und im Barock wurden Pauken von Mandolinenbauern aus Holz angefertigt, heute gibt es auch Paukenkessel aus Metall. Mit dem Pedal kann man die Spannung des Fells verändern und so verschiedene Töne im Umfang von ungefähr einer Oktave spielen. Wie der Junge aus dem Publikum, der zusammen mit Rainer Seegers »Hänschen klein« spielt.

Das **Cencerro** ist ein Instrument aus Kuhglocken ohne Klöppel, das mit einem Holzstab geschlagen wird (36:20).
Die **Trommel**, wie sie heute in keinem Drumset der Pop- und Rockmusik fehlen darf, ist vielleicht das älteste Instrument der Menschheit und spricht uns vermutlich deshalb so intensiv an, weil sie uns an den mütterlichen Herzschlag erinnert, den schon das ungeborene Baby vernimmt und spürt.
Der **Brummtopf**, auch Rummelpott genannt, ist eine Trommel, an deren Fell in der Mitte eine dicke Saite herunterhängt. Reibt man diese Saite mit einem Tuch, erklingt ein wahres »Löwengebrüll«. In einigen Ländern ziehen die Kinder zu Karneval, in der Weihnachtszeit oder zu Silvester mit einem Brummtopf von Haus zu Haus und erschrecken die Erwachsenen.
Wie ihr seht und hört, sind aber auch leere Konservendosen wunderbare Schlaginstrumente. Probiert doch selbst mal aus, welche richtig gut klingen!

»Eigentlich sind wir nur Pfeffer und Salz in der Suppe. Aber wenn wir spielen, dann hört man uns sofort und das bedeutet, dass man als Schlagzeuger schon risikobereit sein muss.« Rainer Seegers

Werk »Third Construction« (1941) von John Cage (1912–1992)

34:46

John Cage war ein großer Musiker und genialer Erfinder von neuen Instrumenten und neuer Musik. Er klemmte Radiergummis und Holzstücke zwischen die Saiten eines Klaviers, damit es sich anhörte wie ein asiatisches Schlagzeug. Beim Hören seiner »Third Construction« (Dritten Konstruktion) kann man sich ein Wettrennen zwischen Zügen vorstellen. Jeder Zug hat mehrere Waggons. Und weil mal der eine, mal der andere Zug schneller fährt, fahren immer unterschiedliche Waggons auf gleicher Höhe nebeneinander. Am Ende kommen alle gemeinsam ins Ziel.

Bevor die Schlagzeuger anfangen zu spielen, sehen wir sie schon tanzen. Die Instrumente werden in diese Bewegungen des Körpers hineingezogen (34:48). Der **Rhythmus** kommt aus dem Körper des Schlagzeugers und wird von seinem Atmen gesteuert. Von Tänzen wie zum Beispiel dem Walzer wisst ihr, dass sie einen einfachen Rhythmus haben, der sich regelmäßig wiederholt. Bei den Schlagzeugern seht ihr, dass Rhythmen auch ganz schön unregelmäßig bzw. sehr kompliziert sein können.

Welche Trommel bringt man durch Reiben an der gespannten Schnur zum »Brüllen«?

Werk »Drumming« (1970/71) von Steve Reich (geboren 1936)

Der New Yorker Musiker und Komponist Steve Reich hat eine Weile in Afrika, in Ghana, gelebt, um von einheimischen Musikern wie Gideon Alorwoyie das Trommelspielen zu lernen. Reich machte die beeindruckende Erfahrung, dass Trommeln und Tanzen dort zum Alltag der Menschen gehören. In Erinnerung daran schrieb er »Drumming« (Trommeln). Das Stück entfaltet hypnotische Wirkung, wenn es ganz gespielt wird. Es ist ungefähr 90 Minuten lang.

Minimal Music

Steve Reich gilt als Begründer der Minimal Music in den 1970er Jahren. Er selbst benutzt diese Bezeichnung nicht, weil man es so verstehen könnte, als würde in dieser Musik nur sehr wenig passieren. Dabei passiert sehr viel, vor allem zwischen den Musikern! Minimal bedeutet in diesem Fall, dass es viele Wiederholungen kurzer und einfacher Rhythmen oder Melodien mit kleinen Veränderungen gibt. Aber: kleine Ursache, große Wirkung. Steve Reich sagt: »Du kannst eine ganze Welt in einer Harmonie entdecken!«, und hat es mit seiner Musik bewiesen.

Die Bratschen

1:01

Habt ihr das gesehen? Da hat einmal jemand zwei Zentimeter vom Rand der Deckplatte der 170 Jahre alten Bratsche von Martin Stegner abgesägt, um auszuprobieren, ob der Klang dann besser wird! Sollte sie lauter klingen? Oder heller? Man weiß es nicht. Jedenfalls blieb der erwünschte Effekt wohl aus, und die zwei Zentimeter wurden wieder angesetzt (17:02). Das hätte leicht schief gehen können, und jeder Instrumentenbauer bestätigt Martin Stegner, dass es ein Wunder ist, dass dieses Instrument so schön tief klingt und das Holz die Spannung hält.

Mit der Bratsche hat man viel ausprobiert. Für das Instrument, das sich aus der Gitarre entwickelt hat, gibt es keine einheitliche Größe. Mal tendiert es zur Geige und ist etwa 38 Zentimeter groß, mal zum Cello und ist etwa 44 Zentimeter groß. Aber ihr werdet euch wundern: Der Bogen macht mindestens 20 Prozent des Klanges aus! Streicht man ihn schneller und mit mehr Gewicht, wird der Ton weicher und dunkler.

Werk »Ankunft der Königin von Saba« (1748) von Georg Friedrich Händel (1685–1759)

Nach einer langen Zeit mit vielen Kriegen hatten die Herrscher von Europa 1749 endlich Frieden geschlossen. In London wurde wochenlang gefeiert, und Georg Friedrich Händel schrieb viele Musikstücke, die während der Festlichkeiten aufgeführt wurden, zum Beispiel seine berühmte »Feuerwerksmusik« und das Oratorium »Salomon«. Darin erzählte er vom biblischen König Salomon, der vor 3000 Jahren lebte und für seine Güte und Weisheit berühmt war. Er ist es noch: Eine weise Entscheidung heißt bis heute »salomonisches Urteil«. Das Publikum verstand, dass Händel, indem er über Salomon schrieb, den britischen König Georg II. ehrte.

Die Bibel – und der Koran – erzählen auch von der Königin von Saba, die eine

Die Bratsche ist im Vergleich zu den anderen Streichinstrumenten größer als die ... und kleiner als ... und ... .

Reise zum Hof König Salomons in Jerusalem gemacht haben soll. So, wie die Bratschisten der Berliner Philharmoniker es spielen, war ihre Ankunft ein Freudenfest und es herrschte eine verführerische Atmosphäre. Es klingt, als wäre sie wunderschön, trüge Goldschmuck und prächtige Gewänder. Ob sich die beiden Herrscher ineinander verliebt haben?

Werk Habanera aus der Oper »Carmen« (1873/74) von Georges Bizet (1838–1875)

7:57

Was für eine schöne Volksmusik! dachte Georges Bizet, als er die Habanera »El arreglito« zum ersten Mal hörte. Und wirklich, der Rhythmus, den ihr beim Klappern der Kastagnetten deutlich heraushören könnt (9:04), ist alt und stammt aus Kuba. Aber die Melodie, die hatte ein Zeitgenosse Bizets geschrieben, der Komponist Sebastián Iradier.
Bizet verarbeitete die Habanera in seiner Oper von der verführerischen Carmen, zu der sie wunderbar passt. Seine Begeisterung für Prosper Mérimées kurze Erzählung »Carmen«, die in einer Zigarettenfabrik in Kuba beginnt und in einer Stierkampfarena endet, wurde zur Zeit der Uraufführung der Oper nur von wenigen Menschen geteilt. Bizet starb ein paar Monate danach frustriert im Alter von nur 36 Jahren. Schon wenige Jahre später liebten die Leute solche »Geschichten aus dem richtigen Leben« auf der Bühne, und inzwischen gehört »Carmen« zu den meistgespielten Opern aller Zeiten.
Die Bratschisten spielen die Habanera so, dass man das ganze Drama ahnt. »Ja, die Liebe hat bunte Flügel«, beginnt der Text, aber schon in der zweiten Zeile heißt es: »Solch einen Vogel zähmt man schwer.« Zum Schluss ist nicht nur der Stier tot, sondern auch Carmen, die mit dem Stierkämpfer glücklich werden wollte. Ermordet vom eifersüchtigen Don José.

Der **Bogen** muss ganz genau zum Spieler passen, denn er ist ja der verlängerte Arm des Bratschisten. Je nachdem, welche Musik der spielen will, wählt er einen anderen Bogen. Mal einen leichten, schnellen, mit dem er reagiert wie ein Sportwagen, dann einen alten, edlen, mit dem er jeden Moment innig auskostet. Das klingt dann eher wie eine Fahrt mit einem Rolls-Royce.

»Der Bogen macht die Musik. Das ist unser Atem.«
Julia Gartemann

Werk »Sonate für Bratsche allein« (1922) von Paul Hindemith (1895–1963)

6:58

Der Komponist Paul Hindemith mochte Kinder sehr gern. Er fand, Kinder sollten öfter mal die strengen Regeln der Erwachsenen vergessen und gerade beim Musikmachen so spielen, wie es eigentlich nur Kinder können: ausgelassen, wild und mutig. In der Musik, die er für sie geschrieben hat, lässt er Kindern viele Freiheiten. Ihr hört zwar nur einen kurzen Ausschnitt aus seiner Sonate, aber ihr ahnt wohl schon, wer dieses Stück am liebsten spielte: Paul Hindemith selbst! »Tonschönheit ist Nebensache«, hat er in die Noten geschrieben. Und was ist die Hauptsache?

Weil die Bratschen im Orchester die Mittelstimme übernehmen, die den Klang vervollständigt, ist das Hinhören für die Bratschisten besonders wichtig. Sie müssen immer darauf achten, wer die Melodie hat und mit wem sie zusammen spielen. Nicht selten sind es die Geigen, es können aber mal auch die Pauken oder jedes andere Instrument sein. Seht ihr ihre Blicke, die dem Ohr helfen, sich zu orientieren (15:32–15:49)?

Oberstes Ziel der Philharmoniker ist es, gemeinsam ein Klangbild zu malen. Und das erreichen die Orchestermusiker, indem sie sich gegenseitig zuhören und ein bisschen mehr daran denken, wie alle ihre Instrumente gemeinsam klingen als daran, mit ihrem Klang hervorzustechen. Auch die Bratschen untereinander ordnen sich der Gruppe unter und passen den Klang ihrer Instrumente einander an.

Werk Hymnus für zwölf Violoncelli (1920) von Julius Klengel (1859–1933) 11:20

Diesen feierlichen Lobgesang auf das Cello schrieb der berühmte Cellovirtuose und Professor am Leipziger Konservatorium Julius Klengel für seine Schüler. Jeder der zwölf Musiker sollte zeigen können, wie schön sein Instrument klang, und wie perfekt er diese einfache Melodie vortragen konnte. Und gemeinsam sollten sie zeigen, dass sie wie ein großes Streichorchester klingen konnten.

Als die Cellisten der Berliner Philharmoniker dieses Stück entdeckten, das im Konzert von den Bratschen gespielt wird, machte es ihnen Mut, auch mal ohne das große Orchester aufzutreten, und sie wurden zu einem weltbekannten Ensemble.

Aus welchem Instrument hat sich die Bratsche entwickelt?

»Ein Viertelmillimeter entscheidet, ob der Ton sauber ist oder nicht. Wir sind Hochleistungssportler der Minimalstbewegungen.«
Martin Stegner

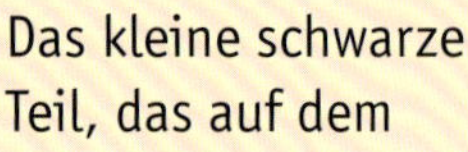

Das kleine schwarze Teil, das auf dem Steg steckt, ist ein **Dämpfer** (13:30, 13:40). Klemmt man ihn auf, kann die Saite nicht mehr so stark schwingen. Der Ton wird leiser und der Klang leicht verändert, etwa so, wie wenn man sich beim Sprechen die Nase zuhält.

17:41

Werk »Viola, Viola« (1997) von George Benjamin (geboren 1960)
Eine Unterhaltung soll das sein? Könnt ihr euch vorstellen, worüber? Vielleicht kommen die beiden eben von einem Fußballspiel, bei dem ihr Verein um den Spitzenplatz in seiner Liga gekämpft hat. Oder doch eher gegen den Abstieg? Schließt mal die Augen und lauscht. Was meint ihr: Wie viele Instrumente spielen hier gerade? Der britische Komponist George Benjamin, der mit sieben Jahren Klavier spielen konnte und mit neun angefangen hat zu komponieren, hat den Bratschisten nämlich eine seltsame Aufgabe gegeben: Wenn der Zuhörer die Augen schließt, soll er denken, es stünden mehr als zwei Musiker auf der Bühne (zum Beispiel 19:22).

Wie bei einem Staffellauf geben die Musiker die **Melodie** untereinander weiter (24:16–24:30). Erst von links nach rechts, dann von rechts nach links. Wer da nicht ganz genau zuhört, lässt den Stab fallen.

Werk **»Sinfonie Nr. 40 g-Moll« (1788) von Wolfgang Amadeus Mozart (1756–1791)** 1:55

Über die Bratschen gibt es die meisten Musikerwitze. Im Orchester wird manchmal gelästert, ob sie mitspielten oder nicht, fiele gar nicht auf. Aber bei diesem Hit von Mozart hört man sofort, dass etwas Wichtiges fehlt, wenn sie nicht dabei sind.

Über diese Sinfonie und ihre große Schönheit ist so viel Unterschiedliches gesagt worden. Man kann die Melodie mitpfeifen, deshalb wurde sie auch in der Popmusik bearbeitet, aber jeder spürt: Es geht nicht nur um Fröhlichkeit. Mozart liebte die Menschen. Er hat das Leben, wenn es ging, genossen, aber er hat auch die traurigen Seiten kennengelernt, hat um seine Erfolge gekämpft. Unter der leichten, unbeschwerten Oberfläche sieht es anders aus – tief, dunkel. Licht und Schatten gehören zusammen. Das macht diese Musik so spannend, und die Bratschen, die einen hellen Ton wie mit einem Zauberstab plötzlich dunkel färben können, sind dafür unentbehrlich – nicht nur bei Mozart.

Als Martin Stegner von der Geige auf die Bratsche wechselte, war er 22 Jahre alt. »Zu alt«, sagten viele Professoren an den Musikhochschulen. Aber er wollte nicht zurück zur Geige, denn der tiefe, dunkle Ton der Bratsche passt viel besser zu ihm und hatte ihn in seinem Innersten berührt. Er fand einen Platz an der Orchester-Akademie der Berliner Philharmoniker. Dort unterrichten die Berliner Philharmoniker begabte Musikstudenten. Man muss eine Aufnahmeprüfung machen und darf danach auch schon mal als Aushilfe im Orchester mitspielen.

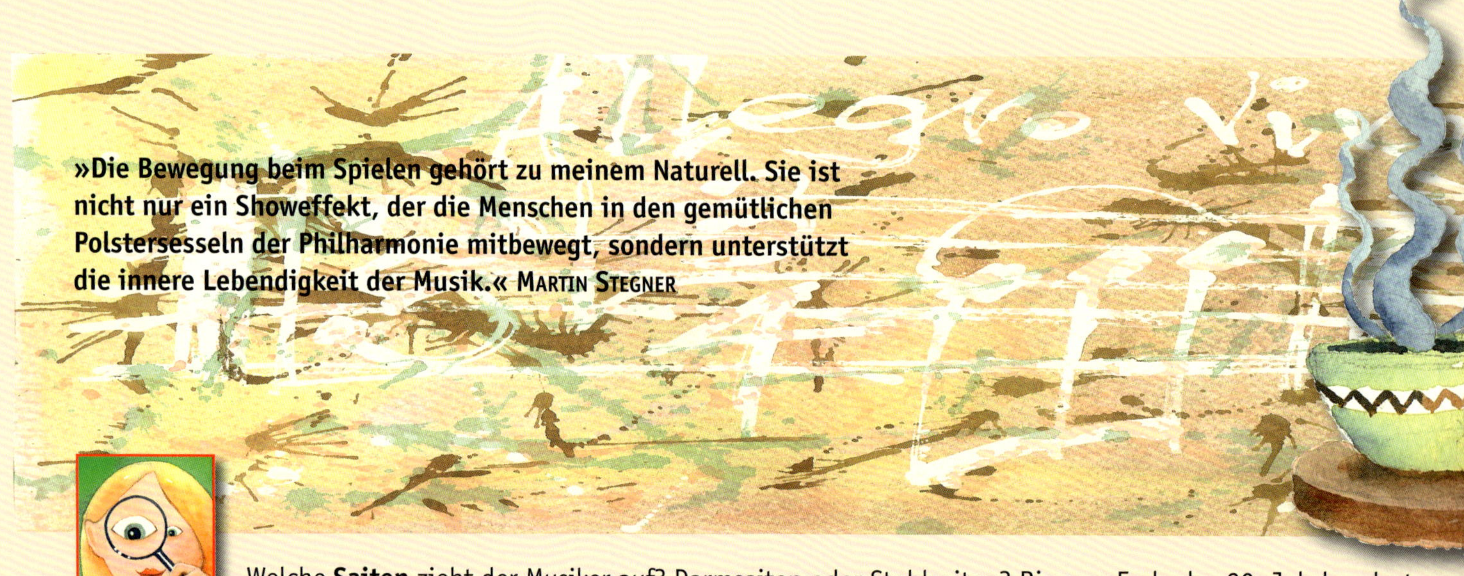

»Die Bewegung beim Spielen gehört zu meinem Naturell. Sie ist nicht nur ein Showeffekt, der die Menschen in den gemütlichen Polstersesseln der Philharmonie mitbewegt, sondern unterstützt die innere Lebendigkeit der Musik.« MARTIN STEGNER

Welche **Saiten** zieht der Musiker auf? Darmsaiten oder Stahlsaiten? Bis zum Ende des 20. Jahrhunderts war das eine Grundsatzfrage. Es gab eine Gruppe von Musikern, die so spielen wollte, wie zur Zeit des Komponisten gespielt wurde, und eine andere Gruppe, die die Möglichkeiten, die moderne Instrumente bieten, auch nutzen wollte. Inzwischen sieht man das anders. Heute wählen die Musiker die Saiten so, wie sie glauben, den gewünschten Klang am besten zu erzielen. Darmsaiten geben einen farbigeren Klang, sind aber leiser. Der Klang der Stahlsaiten ist eher kräftig und man kann lauter spielen.

Martin Stegner hat manchmal zwei Darmsaiten und zwei Stahlsaiten auf seiner Bratsche. Das bedeutet, er entscheidet für jede Saite einzeln, wie sie am schönsten klingt. Ausschlaggebend ist das Ohr des Musikers. Er muss selbst herausfinden, wie er bei einem Musikstück mit seinem Instrument und seinem Spiel seine Vorstellung vom wunderschönen Klang erreicht.

23:06

Werk **Ouvertüre zu »Der Barbier von Sevilla« (1816) von Gioacchino Rossini (1792–1868)**
Was passiert auf der Bühne, wenn der Vorhang sich hebt? Wird es traurig oder fröhlich? Wen werden wir immer wieder treffen? Solche Fragen beantworten Opernkomponisten meist schon bevor es mit der Geschichte losgeht, in der Ouvertüre. Der Italiener Gioacchino Rossini verrät: Es gibt etwas zu Lachen, und ein bisschen dramatisch wird es auch.

In seinem »Barbier von Sevilla« erzählt er, wie ein spanischer Frisör einem Grafen hilft, die Frau zu treffen, in die er sich verliebt hat, und sie zu heiraten. Dabei kommt es zu einigen Verwicklungen. Liebe und Geldgier bringen die Menschen manchmal ganz durcheinander. Wie schön, wenn man einmal darüber lachen kann, weil das auf der Bühne viel komischer aussieht, als im eigenen Leben. Die Bratschisten wissen, um welche Gefühle es in der Oper geht, und sie spielen die Ouvertüre wie ein Drama in Miniaturformat. Ob Martin Stegner an eine romantische Gondelfahrt in Venedig denkt (25:23)?

Gioacchino Rossinis Vater spielte Horn, seine Mutter war eine wunderschöne Sängerin. Er lernte Geige, Cello, Klavier und Horn spielen, und er hatte eine bezaubernde Stimme. Doch den Knaben kastrieren zu lassen, um damit zu verhindern, dass er in den Stimmbruch käme und sich zu einem erwachsenen Mann entwickelte, nur um diese Stimme zu bewahren, das ließen die Eltern nicht zu. Und so wurde Gioacchino Rossini kein berühmter Sänger, sondern ein wohlhabender, erfolgreicher Komponist. Auch nicht schlecht.

Wer bestimmt, ob ein Bratschist Darm- oder Stahlsaiten auf sein Instrument zieht?

Die Holzbläser

Ohren abschneiden? Albrecht Mayer macht es vor: Das schnabelförmige Doppelrohrblatt, das man für das Mundstück einer Oboe oder eines Fagotts braucht, kann man – theoretisch – aus einem Strohhalm anfertigen. Aber unter uns: Die Holzbläser haben ganz schön damit zu kämpfen, das richtige Rohr für ihre Oboe bzw. das richtige Blatt für ihre Klarinette zu finden. Dieser Teil des Instruments wird sogar in einem Humidor transportiert. Das ist ein kleiner Behälter, der zur Lagerung von Zigarren erfunden wurde, und in dem die Blättchen bei konstanter Temperatur und besonders hoher Luftfeuchtigkeit aufbewahrt werden. Eine Luftfeuchtigkeit von 70 Prozent ist optimal. Und wie viele verschiedene Scheren und Clipse es gibt, um sie zu bearbeiten, kaum zu glauben!
Handelsreisende fahren von Orchester zu Orchester, um ihre Spezialscheren an den Mann zu bringen.

Wie heißt die Schachtel, in der man die Blättchen transportiert, damit sie ihre Feuchtigkeit behalten?

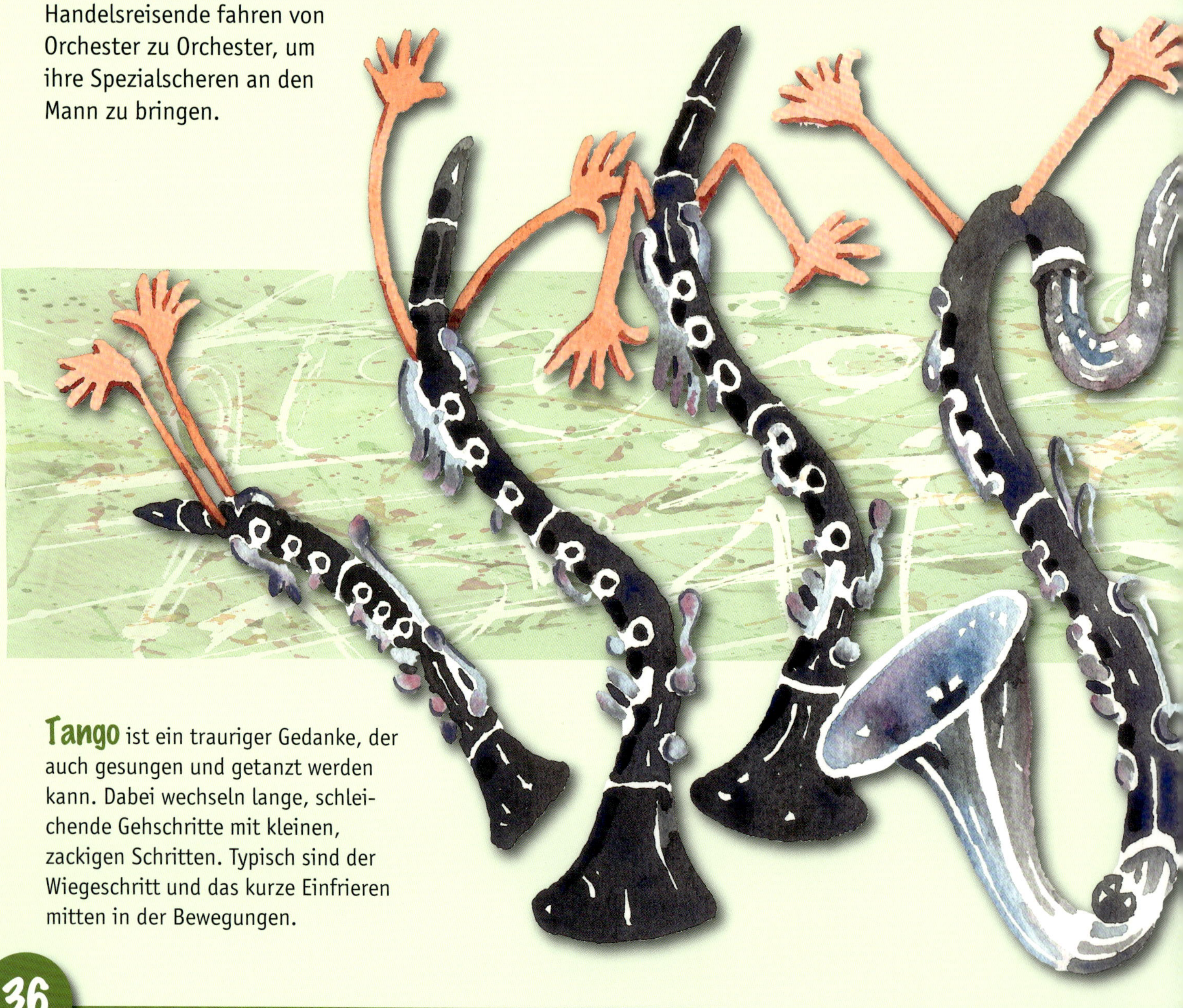

Tango ist ein trauriger Gedanke, der auch gesungen und getanzt werden kann. Dabei wechseln lange, schleichende Gehschritte mit kleinen, zackigen Schritten. Typisch sind der Wiegeschritt und das kurze Einfrieren mitten in der Bewegungen.

28:25

Werk »Tema de María« aus der Operita »María de Buenos Aires« (1967) von Astor Piazzolla (1921–1992)

Astor Piazzolla kam aus Argentinien, der Heimat des Tangos. Er spielte Bandoneon, eine südamerikanische Version des Akkordeons, und schrieb lauter Liebeslieder auf den Tango. Zuerst mochten die Argentinier seine Musik nicht, denn sie klang so ganz anders als die traurigen Lieder, die sie von ihren Vorfahren kannten. Die hatten sie erfunden, um sich ihre Sorgen von der Seele zu singen und sich in ihrer Armut und Verzweiflung zu trösten. Astor Piazzolla schrieb einen neuen Tango. In den hatte sich Musik aus den Konzertsälen in Europa eingeschlichen, von Komponisten wie Johann Sebastian Bach, Igor Strawinsky oder Béla Bartók. Später feierten die Argentinier Piazzolla, weil er dem Tango ein neues Leben gegeben hatte.

In seiner »Operita«, was soviel bedeutet wie »kleine Oper«, erzählt Astor Piazzolla gemeinsam mit seinem Freund, dem Dichter Horacio Ferrer, die Geschichte von Maria. Maria ist die Verkörperung des Tangos. Sie stirbt und tanzt von da an als ruheloser Schatten durch Buenos Aires, bis sie schließlich einem neuen Tango das Leben schenkt.

Astor Piazzolla ging nach Paris zu Nadja Boulanger, um bei ihr das Komponieren zu lernen. Er verschwieg ihr, dass er gern Tango spielte, denn die feine Gesellschaft verschmähte diese Musik. Doch die berühmte Professorin fand schnell heraus, dass sein Herz für den Tango schlug, und sie erkannte seine große Begabung. Sie bestärkte ihn darin, auf diesem Weg fortzufahren.

»Die Seele des Instrumentes bist du selbst. Du musst den Ton erst in dir haben, sonst passiert gar nichts.« MANFRED PREIS

Die Klarinette

Wenn eine Stimme im Orchester »singen« soll, nehmen die Komponisten dafür häufig die Klarinette. Erst um das Jahr 1700 baute der deutsche Instrumentenbauer Johann Christoph Denner die erste Klarinette. Komponisten wie Mozart waren ganz aus dem Häuschen! Er hat ein wunderschönes Klarinettenkonzert geschrieben, in dem man alle Stimmungen erlebt, von ausgelassen-fröhlich bis verzweifelt-traurig. Auch wer in der letzten Reihe der Philharmonie sitzt, spürt den Klang der Instrumente nicht nur über die Ohren. Gerade bei den ganz tiefen Tönen mit der langen Luftsäule fühlen auch die Hörer ein Grummeln im Bauch (36:32). Die Töne bekommen einen Körper und werden lebendig. Manfred Preis erzählt, dass ihm beim Spielen schon mal kleine Schauer über den Rücken laufen. Wie eine Schar von Ameisen. Das kann passieren, wenn der Komponist einen besonders innigen Klang möchte und der Musiker spielen soll, als ob dies der schönste Augenblick im ganzen Leben wäre.

5,93 Meter lang ist das Rohr, durch das der Spieler des **Kontrafagotts** die Luft blasen muss. Vom Mundstück bis zum Schalltrichter, und da muss sie immer noch mit Druck ankommen. Beim einfachen **Fagott** ist das Rohr immerhin schon 2,55 Meter lang. Das Mundstück wird auf den S-Bogen gebunden (34:13). Der S-Bogen steckt im Flügel (dem dicken Rohr), der über den Stiefel (dem silbernen Rohrbogen unten) in die Stange (das schmale Rohr daneben) führt und im Trichter endet. Ein hochkompliziertes Gerät! Man sieht, wie viele Muskeln beim Spielen angespannt werden (33:28). Der ganze Körper hält den Ton mit!
Dennoch: Ein Ton, der den Hörer in seinem Innersten anspricht und seine Fantasie beflügelt, entsteht hauptsächlich durch das, was der Fagottist in sein Spiel hineinlegt. Dazu muss er eine Vorstellung davon haben, welchen Charakter die Musik haben soll, was der Komponist sich gewünscht haben mag: Ob ein Ton schlau, hohl, zickig oder abenteuerlich klingen, ob er den Hörer in Schrecken versetzen oder zum Tanzen animieren soll.

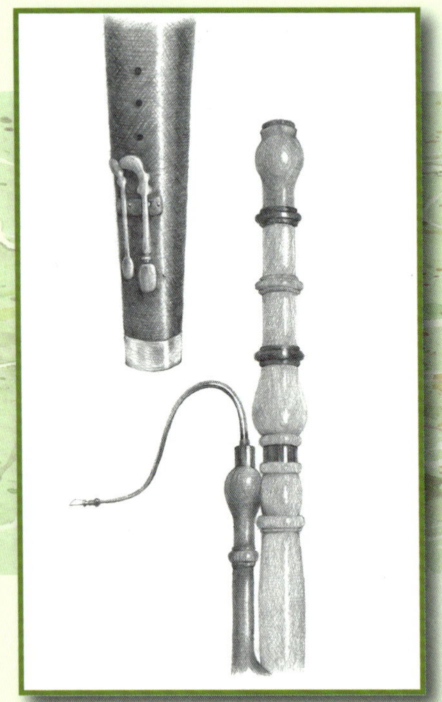

»Schon als Kind hatte ich eine Vorstellung vom Fagottklang. Die war noch weit weg von dem, was ich damals spielen konnte. Aber großartig.«
Stefan Schweigert

Wie kann man mit zehn Fingern bis zu 28 Löcher zu- oder aufhalten? Zum Vergleich: Die Blockflöte hat sieben Löcher und eines für den Daumen. Das Fagott hat nur fünf Tonlöcher, die direkt mit den Fingern abgedeckt werden, drei mit der linken und zwei mit der rechten Hand. Die restlichen Tonlöcher werden mit Klappen geöffnet oder geschlossen. Dabei muss der linke Daumen neun Klappen bedienen, der rechte vier. Wenn man rechts unten eine Klappe herunterdrückt, kann es sein, dass sich ein Loch auf der gegenüberliegenden Seite ganz oben öffnet.

Werk **Concerto »Le Phénix« (1734) von Michel Corrette (1707–1795)**

Der französische Komponist Corrette war ein Spaßvogel. Er mochte es, wenn die Instrumente sich »verkleideten« wie beim Karneval und die unterschiedlichsten Rollen spielten: die Hexe, die Prinzessin, den Tod oder den Hanswurst. Von seinem Vater lernte er zunächst das Orgelspielen, doch egal welches Instrument er später in die Hand nahm, er erfand wunderbare Musik dafür. 18 Instrumentenschulen hat er geschrieben. Er liebte das Theater und schrieb Musik zu Balletten und Schauspielen.

Warum dieses Stück »Le Phénix« heißt, weiß man heute nicht mehr. Der Phönix ist ein Vogel aus der griechischen Mythologie, von dem es heißt, dass er verbrennt, um aus seiner eigenen Asche wieder neu zu erstehen. Ein schönes Bild für die Kraft, noch einmal von vorne anzufangen. Bestimmt fällt euch beim Hören der Musik etwas dazu ein. Jedenfalls gab es in Paris damals einen berühmten Fagottisten, Etienne Ozi (1754–1813). Ozi war ein großer Virtuose und plötzlich wollte jeder Fagottmusik hören und spielen. Da lohnte es sich richtig, ein Konzert für ein Instrument zu schreiben, das sonst eher ein Begleitinstrument ist.

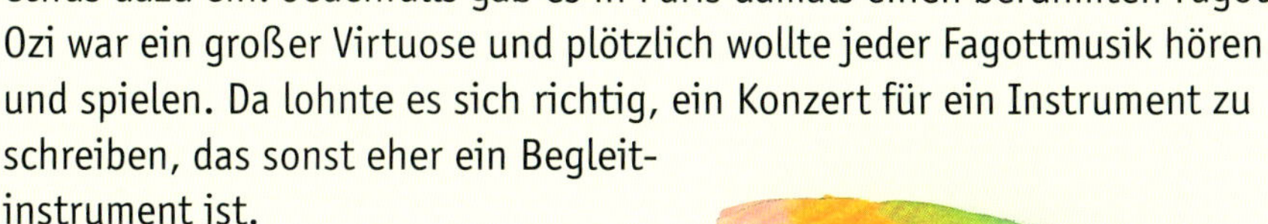

Wie viele Tonlöcher kann ein Fagott haben?

Warum spielt ein Musiker das Instrument, das er spielt? Jeder fühlt sich zu einem anderen Instrument hingezogen. Warum man sich verliebt, weiß man ja nicht, aber bei den Holzbläsern hat die Wahl viel mit dem Klang der eigenen Stimme zu tun. Beim Spielen schwelgt der Musiker in dem Gefühl, ein Sänger zu sein, der wunderbar singen kann.

Werk »Trio C-Dur für zwei Oboen und Englischhorn« (um 1795) von Ludwig van Beethoven (1770–1827)

37:07

Ludwig van Beethoven wurde manchmal nachts von seinem Vater geweckt, weil er Besuchern zeigen sollte, wie gut er Klavier, Klarinette und Bratsche spielen konnte. Der Vater war Tenor in der Bonner Hofkapelle und wollte ein Wunderkind wie Mozart aus ihm machen. Aber er war kein so guter Manager und Lehrer wie der Vater von Mozart. So entwickelte sich Beethovens Talent langsamer und weniger spektakulär. Auch aus ihm wurde ein berühmter Komponist und Konzertpianist. Die Klavierbauer waren stolz, wenn er ihre Instrumente spielte. Das war für sie die beste Reklame.

Beethoven hat viele Werke für großes Orchester geschrieben, darunter fünf Klavierkonzerte und neun Sinfonien, aber auch Kammermusik. Weil man damals keine CD-Player und Stereoanlagen hatte, gab es in reichen Haushalten Musiker. Meistens waren es Angestellte wie Köche und Diener, die auch musizieren konnten. Und wenn ein Komponist zu Besuch kam, dann wurde er gebeten, ein Stück für sie und seinen Gastgeber zu schreiben, damit sie etwas Neues spielen konnten. So kam es auch zu diesem Trio – das bedeutet drei und ist ein Musikstück für drei Musiker – für zwei Oboen und ein Englischhorn.

»Man hört nicht nur dort, wo man sitzt, man hat die Ohren im Saal. Auch der Hörer ganz hinten soll die Musik ja noch genauso stark empfinden wie der, der direkt vor einem sitzt.« Jelka Weber darüber, wie sie während des Konzerts den Klang kontrolliert und sich dabei auch vorstellt, wie die Flöte ganz hinten im Konzertsaal zu hören ist.

Aus welchem Material baut Albrecht Mayer das Mundstück einer Oboe nach? Woraus werden echte Oboemundstücke geschnitten?

Die Oboe

Oboenartige Instrumente findet man schon auf 5000 Jahre alten Zeichnungen. Aber bis heute wird weiter an diesem Instrument gebaut. Das jüngste Modell hat Albrecht Mayer 2009 zusammen mit einem Instrumentenbauer entwickelt. Eine Besonderheit an ihm sind die Rädchen, durch die man mit den Fingern einfacher von einer Klappe zur anderen gleiten kann. Das ist eine technische Erleichterung, aber das Entscheidende bleibt die Fantasie des Spielers.

Wenn ihr genau hinschaut, entdeckt ihr, was die Oboe vom Englischhorn unterscheidet: Das Englischhorn hat ein längeres Metallröhrchen am Mundstück und einen birnenförmigen Schalltrichter. Er wird **»Liebesfuß«** genannt (37:42).

Werk »Der Vogelfänger bin ich ja« aus der Oper »Die Zauberflöte« (1791) von Wolfgang Amadeus Mozart (1756–1791)

Joannes Chrysostomus Wolfgangus Theophilus Mozart, heute bekannt als Wolfgang Amadeus Mozart, hatte ein unglaubliches Gedächtnis und war einer der größten Melodienerfinder aller Zeiten. Alles was er hörte, konnte er sofort auf Tasteninstrumenten und auf der Geige spielen. Sein Genie wurde in ganz Europa gefeiert. Die Melodien, die er unterwegs hörte, beflügelten seine Fantasie und so sprudelte die Musik nur so aus ihm heraus. Er probierte alles aus und hatte großes Vergnügen daran, die Leute mit neuen Klängen zu überraschen.

Die Arie des Papageno, hier in der Bearbeitung für zwei Flöten von Gerhard Braun, habt ihr sicher schon gehört. Vogelfang und Vogelhandel waren in Mozarts Heimat, im Salzkammergut, ein einträgliches Geschäft. Am Ende des Sommers kauften die Menschen Singvögel, die sie während der langen Winterzeit mit ihrem Gesang erfreuen sollten. Mozarts Oper »Die Zauberflöte« handelt vom größten Geheimnis der Musik: Musik kann uns verzaubern und uns Kraft fürs Leben geben.

Mittel- und Fußstück einer Querflöte kommen oft aus der Fabrik, aber das Kopfstück, das lassen sich die Flötisten von einem Instrumentenbauer nacharbeiten, damit es ganz genau zu der Form ihres Kinns und ihrer Lippen passt. Der Atem muss ganz natürlich fließen können. Früher haben Flötenschüler Atemübungen im Liegen mit vier dicken Telefonbüchern auf dem Bauch gemacht. Jelka Weber gibt ihren Schülern lieber einen Ball. Wenn man ihn beim Atmen zwischen den Knien hält und zusammendrückt, stärkt man die richtigen Muskeln und lernt, dabei locker zu bleiben.

Nicht zufällig hat Mozart den Zauberton einer Flöte gegeben. Weil sie wie ein Vogel singt, werden ihr schon seit Jahrhunderten besondere Natur- bzw. Zauberkräfte nachgesagt.

Die Geigen

Ihr habt es bestimmt gemerkt: In den Kinderkonzerten haben sich die Geigen gar nicht vorgestellt. Sie sind die größte Musikergruppe im Orchester und spielen meistens die Hauptmelodie. Dabei unterscheidet man erste und zweite Geigen: Eine Hauptstimme und eine Nebenstimme, die sich wunderbar ergänzen.
Zum Schluss gibt es dann noch ein paar weniger bekannte Freunde des Orchesters zu entdecken, die nur bei besonderen Gelegenheiten dazukommen. Damit ist unser Buch zu Ende. Wenn ihr mehr sehen wollt, besucht ein Konzert oder auch den digitalen Konzertsaal der Berliner Philharmoniker (www.dch.berliner-philharmoniker.de). Da könnt ihr die Musiker, wie auf der DVD, ganz aus der Nähe beobachten und zwischendurch jederzeit aufstehen und euch etwas zu trinken holen. Das geht im »echten« Konzertsaal leider nicht.

Die Berliner Philharmoniker haben besonders gut klingende, wertvolle Geigen und sehr gute Geigenbögen. Wie lang deren Holz ist und wie es gebogen ist, ob der Bogen dick oder dünn ist, alles das prägt den Klang eines Tones. Die aufgespannten Pferdehaare haben kleine Widerhaken, und diese reiben über die Saiten und bringen sie zum Schwingen. Die Schwingungen entstehen, wenn sich der Bogen wieder von der Saite löst. Sie setzen sich im Instrument fort und werden dort lauter. Über die **F-Löcher** dringt der Klang nach draußen.

Wo sitzt die Gruppe der ersten Geigen im Orchester?

»Die Geiger wollen beim Spielen alle im Himmel sein«.
DANIEL STABRAWA

»Und der Himmel hängt voller Geigen«

Diese Zeile aus einem Lied aus der Operette »Der liebe Augustin« von Leo Fall ist zu einer Redewendung geworden. Man benutzt sie, wenn jemand sehr verliebt ist. »Die Violine«, sagt Daniel Stabrawa, »kann in hohen Lagen einfach himmlisch schön singen. Ihre Möglichkeiten sind grenzenlos.« Mit ihr lässt sich jedes Gefühl ausdrücken: Freude und Trauer, Zorn und Liebe.
Es gibt Geigenvirtuosen, denen wurden Zauberkräfte nachgesagt, wie Niccolo Paganini, genannt der »Teufelsgeiger«. Die Menschen dachten, es könne nicht mit rechten Dingen zugehen, wenn er so schnell und so wild spielte, dass ihnen davon ganz schwindelig wurde.

»Die Persönlichkeit der Geiger wird im Laufe der Jahre nicht kleiner. Im Gegenteil. Man macht Erfahrungen und weiß immer besser, wie man es gern hätte. Aber im Orchester muss man sich zurücknehmen – und trotzdem mit Herz und Engagement dabei sein. Da heißt es schon mal sein Temperament zügeln. Die größte Kunst ist es wohl, gemeinsam sehr leise zu spielen.« Madeleine Carruzzo

Werk Streicherklänge in »La Mer« (1904) von Claude Debussy (1862–1918)

Nach einem hellen Licht, das Farben zart und leuchtend wirken lässt, haben die Maler im 19. Jahrhundert in Frankreich gesucht. Die Dichter suchten nach Worten und Symbolen, die in eine fantastische Welt führten. Der Komponist Claude Debussy träumte von von Farben, die nur in der Fantasie existieren, und wollte ein besonderes Licht in die Musik bringen. Er schrieb Musik, die fließt, die sich bewegt, die Stimmungen malt: So erlebt man in diesem Stück das Meer mit seinen glitzernden Wasserflächen und vom Sturm aufgepeitschten Wellen.

Debussy ging es nicht nur um den Wind, den man in den Streichern zu hören glaubt, und die sanften Wellen, die die Harfe nachzeichnet, er wollte das Gefühl des Menschen ansprechen, der das Meer betrachtet und darin vielleicht ein Bild für sein Leben sieht. Mit großen ruhigen Flächen, Spritzern, die in der Sonne funkeln, und großen Wellen, die Spaß machen, wenn man darauf surft, oder düster wirken, wenn sie einen überrollen.

Der Konzertmeister

Der Konzertmeister ist der Mann, dem der Dirigent die Hand gibt, wenn er auf die Bühne kommt. Er nimmt diesen Handschlag stellvertretend für das ganze Orchester entgegen. Seine Aufgabe ist schwierig und wichtig: Er ist der Vermittler zwischen Orchester und Dirigent. Das bedeutet, dass er, wenn die Stimmung nicht so gut ist, mit dem Dirigenten darüber spricht, warum das Orchester unzufrieden ist. Und er ist der Ansprechpartner für den Dirigenten, wenn der dem Orchester etwas mitteilen möchte. Bevor das Konzert beginnt, fordert er den Oboisten auf, einen Ton zu spielen. Das ist das a^1, man nennt es auch den Kammerton. Nach dem Klang dieses Tones werden alle Instrumente (die hinter der Bühne schon gestimmt wurden) noch einmal kurz aufeinander abgestimmt. Nur so kann es einen schönen runden Gesamtklang geben. Wenn gestimmt wird, weiß das Publikum: Jetzt wird es ernst, gleich geht es los!

Der Musiker versetzt beim Spielen Luft in Schwingungen. Diese Töne hören andere Menschen nicht nur über die Ohren, sondern mit ihrem ganzen Körper. Die Klänge lösen Gefühle aus. Der Orchestermusiker bringt zum Klingen, was andere, nämlich die Komponisten, sich ausgedacht haben. Und wie er das macht, das ist sein tiefstes Geheimnis. Das ist so, wie wenn euch jemand eine Geschichte vorliest oder erzählt, was er erlebt hat. Je nachdem, wer erzählt, erlebt ihr das ganz anders. Manchmal hat man sogar das Gefühl, man wäre dabei gewesen oder spiele in der Geschichte mit. Dann vergisst man die Zeit und alles um sich herum und ist ganz bei sich, in der Musik und teilt das Geheimnis mit den Musikern. Ohne ein Wort zu sagen. Und das ist das Schönste.

Freunde des Orchesters

Das Klavier

Im Orchester gehört das Klavier mit seinen 88 Tasten (es sind 52 weiße und 36 schwarze) zu den Schlaginstrumenten. Majella Stockhausen-Riegelbauer, die Pianistin der Berliner Philharmoniker, fühlt sich in dieser Gruppe gut aufgehoben. Das Spielen im Orchester befreit sie aus der »Einzelhaft am Klavier«, ein Begriff, den die berühmte Klavierlehrerin Grete Wehmeyer prägte. Es macht ihr viel Spaß, in großen Orchesterwerken mitzuwirken und Teil des Ganzen zu sein. Aber sie musste sich zunächst daran gewöhnen, dass sie hier nach dem Takt eines Dirigenten spielen muss.

Die Celesta

Die Celesta sieht wegen ihres Holzgehäuses aus wie ein kleines Klavier, aber wer genauer hineinschaut, wundert sich: Es ist ein in einem Kasten verstecktes Glockenspiel, das man mit Tasten anschlägt wie ein Klavier. Manchmal wird es von Schlagzeugern gespielt, meist aber vom Pianisten.

Zu welcher Instrumentengruppe gehört das Klavier?

»Wenn der Taktstock runtergeht, heißt das noch nicht, dass man jetzt sofort spielen muss. Damit der Ton genau mit dem Ton der anderen Instrumente zu hören ist, muss man mit dem Orchester atmen und die anderen beobachten.«
MAJELLA STOCKHAUSEN-RIEGELBAUER

Den Einsatz genau zu treffen, ist beim Klavierspielen mit Orchester ganz schön schwierig. Wenn die Pianistin eine Taste herunterdrückt und damit das Holzhämmerchen bewegt, das dann auf die Saite schlägt, ist der Ton sofort zu hören. Da kann es passieren, dass sie den anderen Instrumenten ein wenig voraus ist. Wartet sie jedoch ab, klingt das Klavier eventuell wie ein Nachzügler. Man muss eben mittendrin sein, und dazu muss man gut aufpassen und wissen, wo genau der Dirigent den Ton des Klavieres hören möchte. Zuhören reicht da nicht aus, man muss auch hinschauen: Wenn die Pianistin eine gemeinsame Stelle mit den Kontrabässen hat, muss sie herübersehen, denn die Entfernungen auf der Bühne sind so groß, dass der Ton eine Weile braucht, bis sie ihn hören kann. Spielt das Klavier dann noch laut und die Bässe leise, ist das eine echte Herausforderung!

Die Harfe

Zur Orchesterbesetzung gehört die Harfe noch nicht so lange, ungefähr seit 1810. Zunächst war sie vor allem schönes Beiwerk, aber seit Hector Berlioz' »Symphonie fantastique« (1830) haben viele Komponisten erkannt, welche Kraft sie im Orchester entfalten kann und wunderbare Passagen für das Instrument geschrieben.

Kindern, die Harfe spielen möchten, empfiehlt Marie-Pierre Langlamet, die Harfenistin der Berliner Philharmoniker, mit einer keltischen Harfe zu beginnen. Die große Harfe mit ihren 47 Saiten und sieben Pedalen (mit denen man die Tonhöhen verändert) ist zu kompliziert. Wer Harfe spielen möchte, darf keine allzu schmalen Finger haben. Sie machen den Ton dünn und spitz. Der ganze Körper muss gut durchtrainiert sein, um das Instrument in seiner Position halten zu können. Der Spieler muss locker die Pedale treten und gleichzeitig gefühlvoll in die Saiten greifen.

Viele lieben die wunderbaren Glissandi, die einem das Gefühl geben, alles beginne zu schweben. Die Harfenisten schwelgen darin und vergessen dabei, die **Resonanz** zu »säubern«. Das heißt, die Saiten zwischendurch abzudämpfen, damit nicht so ein dichter Nachklang hängen bleibt, der einen Klang mit vielen falschen Tönen »schmutzig« macht.

»Dass man länger stimmt als spielt, ist ein Gerücht. Es gibt gute Techniken, das Instrument mit seinen 47 Saiten in kurzer Zeit zu stimmen. Das dauert gar nicht so viel länger als bei einer Geige mit vier Saiten.«
Marie-Pierre Langlamet

Werk **Die Harfe in der »Symphonie fantastique« (1830) von Hector Berlioz (1803–1869)**

Zu Beginn des 19. Jahrhunderts waren die Werke des englischen Dichters Shakespeare der Hit an den Theatern in Deutschland und Frankreich. Der junge französische Komponist Hector Berlioz sah in Paris viele Aufführungen. Und wie viele andere verliebte er sich in die Hauptdarstellerin einer englischen Truppe, Harriet Smithson. Sie inspirierte ihn zu einem genialen Orchesterwerk, in dem die Harfe richtig groß rauskommt. Die »Symphonie fantastique« führt in einen Albtraum. Der Künstler, um den es geht, glaubt, er hätte seine Frau ermordet und soll dafür geköpft werden. Und sie entpuppt sich als Hexe und führt mit ihren Freundinnen einen Freudentanz auf. Und was glaubt ihr, ist aus Berlioz' großer Liebe geworden? Reine Schwärmerei oder hat er sich ein Autogramm geholt? Zunächst beachtete sie ihn gar nicht. Doch zwei Jahre später war sie wieder in Paris. Sie besuchte eine Aufführung »ihrer« Sinfonie und zehn Monate später heirateten die beiden!

Die Wagnertuba

Jeder Blechbläser im Orchester muss noch ein Sonderinstrument beherrschen: Die Trompeter spielen das Flügelhorn, das Sopraninstrument in der Familie der Blechbläser, die Posaunisten das Euphonium, die Tenorstimme oder auch das »Cello« der Blechbläser, und die Hornisten die Wagnertuba. Die ist trotz dieses Names nicht mit der Tuba verwandt, sondern mit dem Waldhorn. Der Komponist Richard Wagner ließ dieses Instrument bauen, um in seinem Opernzyklus »Der Ring des Nibelungen« den Klang in manchen Passagen satt dunkel zu färben. Auch andere Komponisten griffen für besonders unheimliche, düstere Stellen in ihren musikalischen Geschichten darauf zurück, wie Igor Strawinsky beim »Feuervogel« oder Richard Strauss in »Die Frau ohne Schatten«.

Das Merkwürdigste für den Bläser ist die Richtung des Klanges: Während der Schalltrichter des Horns nach hinten zeigt, ist der Schall der Wagnertuba, die man beim Spielen auf dem Schoß hält, nach vorn gerichtet.

Das (Rock-)Schlagzeug

Es kommt vor, dass in der klassischen Musik auch eine »Schießbude« gebraucht wird, das ist ein Schlagzeug, wie es Rockmusiker spielen. Leonard Bernstein hat es in seinem Musical »West-Side-Story« eingesetzt, in dem er in den 1950er Jahren das Lebensgefühl von Jugendlichen in New York darstellte. Franz Schindlbeck, Schlagzeuger bei den Berliner Philharmonikern, sagt: »Ein Schlagzeug ist nichts für Zappelphilippe! Wer Schlagzeug spielt, muss auf die anderen eingehen und sehr gut zuhören. Das Schlagzeug ist wie ein Gewürz, man muss es gut dosieren.«

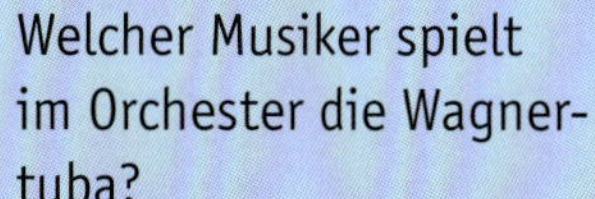

Welcher Musiker spielt im Orchester die Wagnertuba?

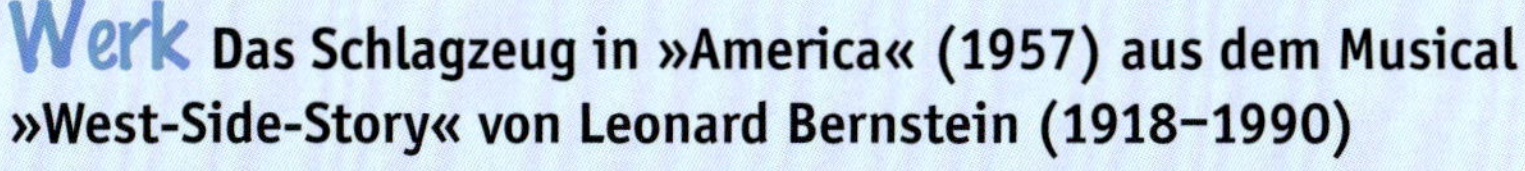

Werk Das Schlagzeug in »America« (1957) aus dem Musical »West-Side-Story« von Leonard Bernstein (1918–1990)

Toni und Maria verlieben sich ineinander. Sie könnten so glücklich sein, würden sie nicht zu verfeindeten Gangs gehören: Toni zu den US-amerikanischen »Jets«, Maria zu den »Sharks«, einer Gruppe eingewanderter Puertorikaner. Der Bandenkrieg tobt. Erst als Toni erschossen wird und alle erleben, wie sehr Maria trauert, erkennen sie die Sinnlosigkeit ihres Streits und versöhnen sich miteinander. In »America« prallen die Träume vom Leben in Puerto Rico und in den USA aufeinander.

In einem Musical können alle möglichen Formen der Bühnenshow und alle möglichen Arten von Musik miteinander kombiniert werden. Und anders als in der Oper wird auf der Bühne auch manchmal gesprochen.

Auflösungen der Rätsel

Die Blechbläser

S. 6 Welche Muskeln trainieren die Blechbläser wie Gewichtheber ihre Arme und Beine? **Die Muskeln der Lippen und der Wangen.**
S. 9 Wie nennt man das bewegliche Rohr an der Posaune? **Zug.**
S. 10 Was für Wasser lassen die Blechbläser zwischendurch aus ihren Instrumenten abfließen? **Kondenswasser.**

Die 12 Cellisten

S. 13 Von welchem Tier stammen die Haare, mit denen die Bögen von Streichinstrumenten bespannt sind? **Es sind Pferdehaare.**
S. 14 Aus Spaß hält Ludwig Quandt im Gespräch mit Sarah Willis das Cello falsch (27:25). Welches Instrument hält man so auf dem Schoß? **Die Gitarre.**
S. 17 Wie heißen die geschwungenen Öffnungen auf der Oberseite eines Streichinstruments, durch die der Klang nach außen dringt? **Schalllöcher.**

Die Kontrabassisten

S. 19 Womit reibt man die Pferdehaare auf dem Bogen ein, damit sie besser an den Saiten haften? **Mit Kolophonium.**
S. 20 Welchen berühmten Musiker wollte Wolfgang Amadeus Mozart unbedingt kennenlernen, als er mit acht Jahren nach London kam? **Carl Friedrich Abel.**
S. 22 Wer hat die Berliner Philharmonie gebaut? **Hans Scharoun.**

Die Schlagzeuger

S. 24 Wie viele Schlaginstrumente kennt ein guter Orchesterschlagzeuger ungefähr? **Mehr als 2000.**
S. 27 Welcher optische Trick hilft bei »Rain Tree«, besser zu hören, welches Instrument gerade spielt? **Scheinwerferlicht.**
S. 29 Welche Trommel bringt man durch Reiben an der gespannten Schnur zum »Brüllen«? **Den Brummtopf.**

Die Bratschen

S. 30 Die Bratsche ist im Vergleich zu den anderen Streichinstrumenten größer als die **Geige** und kleiner als **Violoncello** und **Kontrabass**.
S. 32 Aus welchem Instrument hat sich die Bratsche entwickelt? **Aus der Gitarre.**
S. 35 Wer bestimmt, ob ein Bratschist Darm- oder Stahlsaiten auf sein Instrument zieht? **Der Musiker selbst.**

Die Holzbläser

S. 36 Wie heißt die Schachtel, in der man die Blättchen transportiert, damit sie ihre Feuchtigkeit behalten? **Humidor.**
S. 39 Wie viele Tonlöcher kann ein Fagott haben? **28 Tonlöcher**.
S. 40 Aus welchem Material baut Albrecht Mayer das Mundstück einer Oboe nach? Woraus werden echte Oboe-Mundstücke geschnitten? **Er macht ein Mundstück aus einem Strohhalm. Oboenmundstücke sind aus Schilfgras.**

Die Geigen

S. 42 Wo sitzt die Gruppe der ersten Geigen im Orchester? **Vorne links. Schaut mal in den digitalen Konzertsaal.**

Freunde des Orchesters

S. 45 Zu welcher Instrumentengruppe gehört das Klavier? **Zur Gruppe der Schlagzeuger.**
S. 47 Welcher Musiker spielt im Orchester die Wagnertuba? **Der Hornist.**

Hinweise zu den DVDs

DVD 1:

Das Blechbläserensemble der Berliner Philharmoniker interpretiert:
Tielman Susato: *Susato Suite für Blechbläserensemble. Six Susato Dances*; Anonymus: *Csárdás*; Jim Parker: *Grand Central*; Gordon Langford: *London Miniatures – Horse Guards Parade*

Die 12 Cellisten der Berliner Philharmoniker interpretieren:
Jean Françaix: *Aubade – Presto für 12 Violoncelli*; Iannis Xenakis: *Retours*; Wilhelm Kaiser-Lindemann: *Die 12 in Bossa-Nova (Variacoes Brasileiras)*; Henry Mancini: *The Pink Panther*; Dmitri Schostakowitsch: *Suite Nr. 2 für Jazz-Orchester*; Terry Gilkyson: *The Bare Necessities*; Paul Lincke: *Berliner Luft*

DVD 2:

Die sechs Kontrabassisten der Berliner Philharmoniker interpretieren:
Camille Saint-Saëns: *Le Carnaval des Animaux – Nr. 5*; Lucien Legrand: *Night-Train »Express 113«*, Carl Friedrich Abel: *Solosonate 1. Satz*; Claudio Monteverdi: *Sinfonia a Sei*; Duke Ellington & Billy Strayhorn: *Satin Doll*; Paco de Lucía: *Cepa Andaluza*; Paul Seiko Chihara: *Logs*

Die Schlagzeuger der Berliner Philharmoniker interpretieren:
Eckhard Kopetzki: *Le Chant du Serpent*; Tōru Takemitsu: *Rain Tree*; John Beck: *Sonate für Pauke Solo – 3. Satz*; John Cage: *Third Construction*; Steve Reich: *Drumming*; Consuelo Velazquez: *Besame Mucho*

DVD 3:

Die Bratschen der Berliner Philharmoniker interpretieren:
G. F. Händel: *Ankunft der Königin von Saba – Allegro (aus dem Oratorium Salomon HWV 67)*; Paul Hindemith: *Sonate für Bratsche op. 25 Nr. 1*; Georges Bizet: *Carmen Suite für Streichorchester und Schlaginstrumente*; Julius Klengel: *Hymnus op. 57*; George Benjamin: *Viola, Viola*; Gioacchino Rossini: *Ouvertüre zur Oper »Der Barbier von Sevilla« – Allegro vivace*

Die Holzbläser der Berliner Philharmoniker interpretieren:
Astor Piazzolla: *Tema de Maria (aus der Oper »Maria de Buenos Aires«)*; Michel Corrette: *Le Phénix. Konzert für vier Fagotte*; Manfred Preis, Marion Reinhard: *Improvisation*; Ludwig van Beethoven: *Trio C-Dur für zwei Oboen und Englischhorn op. 87*; Wolfgang Amadeus Mozart: *Der Vogelfänger bin ich ja, Arie des Papageno (Erster Akt, Nr.2) aus der Oper »Die Zauberflöte« KV 620*; Arie Maasland: *Ole Guapa*; John T. Williams: *Star Wars (Hauptthema)*

Nach einem Konzept von Zukunft@BPhil
Künstlerische Leitung: Catherine Milliken

Eine Produktion von **BOOMTOWN***MEDIA*
www.boomtownmedia.de